QU
Quociente de Inteligência Universal Sincrônico

Na Gestão de Projetos

Maximizando a Eficiência e a Sincronicidade

Direitos Autorais

© [2023] Katia Doria da Fonseca Vasconcelos

ISBN: 9798399400181

Para solicitações de permissão, entre em contato com:

Katia Doria da Fonseca Vasconcelos

Sites: www.kazstudio.com.br e www.kaztv.com.br

Dedicatória:

Aos meus amados filhos, Mario (Teik), Bruna, Victor e Bárbara, que são a inspiração e o motivo de minha busca incessante pelo conhecimento. Vocês são minha força e motivação para compartilhar minhas ideias e experiências.

Ao meu marido José de Vasconcelos Filho, cuja colaboração e apoio foram fundamentais na criação deste livro. Sua dedicação e suporte inabaláveis são um presente precioso em minha vida.

Aos meus queridos netos, Davi, Vivi e João Gabriel, que representam a continuidade de nossas histórias e a esperança de um futuro brilhante. Que este livro possa inspirá-los a explorar suas paixões e a buscar a verdade em todas as coisas.

Aos meus genros e noras, Nikolas Bucvar, Eduardo, Jana e Jacque, que fortalecem nossa família com seu amor, apoio e contribuições valiosas. Agradeço por fazerem parte dessa jornada e por compartilharem suas perspectivas e experiências enriquecedoras.

Que esteja dedicado a todos vocês, minha amada família, com todo o meu amor e gratidão.

Katia Doria da Fonseca Vasconcelos

Introdução

Bem-vindo ao livro "QU (quociente de inteligência universal sincrônico) na Gestão de Projetos: Maximizando a Eficiência e a Sincronicidade". Nesta obra, exploraremos uma abordagem inovadora e prática para aplicar o QU (Quociente de Inteligência Universal) na gestão de projetos, com o objetivo de otimizar o planejamento, a comunicação e o gerenciamento de equipes, garantindo o sucesso de projetos em diversas áreas.

A gestão de projetos é um desafio complexo, que envolve equipes multidisciplinares, prazos apertados e recursos limitados. Nesse contexto, a aplicação do QU se mostra uma poderosa ferramenta para maximizar a eficiência e a sincronicidade, permitindo que os projetos avancem de forma fluida e alcançem os resultados desejados.

Ao longo deste livro, vamos explorar os fundamentos do QU e sua aplicação prática na gestão de projetos. Você descobrirá como o QU pode ajudá-lo a identificar os pontos fortes de sua equipe, a alinhar objetivos e a desenvolver uma cultura de colaboração e inovação. Com exemplos reais e estratégias comprovadas, você aprenderá a utilizar o QU de forma eficaz em seus projetos, independentemente de sua área de atuação.

Vamos mergulhar em conceitos-chave, como a importância da inteligência emocional na gestão de projetos, o papel da comunicação efetiva na sincronização das equipes e o uso estratégico da tecnologia para otimizar o desempenho. Ao longo do livro, você encontrará estudos de caso inspiradores de projetos bem-sucedidos, que aplicaram os princípios do QU para superar desafios e alcançar resultados excepcionais.

Além disso, forneceremos ferramentas práticas e exercícios para auxiliar você na implementação do QU em sua gestão de projetos. Essas ferramentas ajudarão a avaliar o nível de sincronicidade em sua equipe, a identificar áreas de melhoria e a desenvolver um plano de ação personalizado para maximizar os resultados do projeto.

Estamos empolgados em compartilhar com você o poder do QU na gestão de projetos. Prepare-se para descobrir novas perspectivas, estratégias inovadoras e práticas que o ajudarão a alcançar a excelência na gestão de seus projetos. Vamos juntos embarcar nessa jornada rumo a um novo nível de eficiência e sincronicidade na gestão de projetos!

Boa leitura!

Katia Doria da Fonseca Vasconcelos

Sumário

Capítulo 1: Introdução ao QU na Gestão de Projetos

- Definição do QU (Quociente de Inteligência Universal Sincrônico)
- Relevância do QU na gestão de projetos
- Objetivos e estrutura do livro

Capítulo 2: Fundamentos do QU

- Explorando os princípios do QU
- Entendendo a sincronicidade e eficiência na gestão de projetos
- Relação entre o QU e o sucesso dos projetos

Capítulo 3: Otimizando o Planejamento de Projetos com o QU

- Utilizando o QU para definir objetivos claros e realistas
- Estruturando o cronograma de forma sincronizada
- Aplicando técnicas do QU para identificar riscos e estabelecer planos de contingência

Capítulo 4: Comunicação Sincronizada para o Sucesso do Projeto

- Práticas de comunicação efetiva na gestão de projetos
- A importância da escuta ativa e clareza nas mensagens
- Utilizando o QU para promover uma comunicação alinhada e produtiva

Capítulo 5: Desenvolvimento de Equipes Sincronizadas

- Liderança e motivação baseadas no QU
- Construindo equipes coesas e colaborativas
- Estratégias para desenvolver habilidades interpessoais e promover a sinergia da equipe

Capítulo 6: Tecnologia e Ferramentas para Maximizar a Eficiência

- Explorando ferramentas digitais na gestão de projetos
- Utilizando o QU na seleção e utilização de tecnologias adequadas
- Automação e otimização de processos com base no QU

Capítulo 7: Estudos de Caso: Exemplos de Projetos Sincronizados

- Análise de casos reais de projetos bem-sucedidos
- Práticas do QU aplicadas e seus resultados
- Lições aprendidas e insights para implementação do QU em outros projetos

Capítulo 8: Ferramentas e Exercícios Práticos para Implementação do QU

- Kit de ferramentas do QU na gestão de projetos
- Exercícios práticos para desenvolver habilidades do QU
- Diretrizes para aplicação contínua do QU em projetos futuros

Capítulo 9: Considerações Finais e Próximos Passos

- Recapitulação dos principais conceitos e aprendizados
- Orientações para continuar a jornada de aplicação do QU na gestão de projetos
- Convite para compartilhar experiências e buscar suporte adicional

Apêndice: Recursos e Referências

- Lista de recursos úteis relacionados ao QU na gestão de projetos
- Referências bibliográficas e outras fontes de informação

Esse sumário abrange os principais capítulos e tópicos do livro "QU na Gestão de Projetos: Maximizando a Eficiência e a Sincronicidade". Cada capítulo aborda aspectos essenciais para a aplicação bem-sucedida do QU na gestão de projetos, fornecendo insights, estratégias e exemplos práticos para maximizar a eficiência e alcançar resultados extraordinários.

Capítulo 1

Introdução ao QU na Gestão de Projetos

QU na Gestão de Projetos - Definição do QU (Quociente de Inteligência Universal Sincrônico)

O QU (Quociente de Inteligência Universal Sincrônico) é uma abordagem inovadora que busca o equilíbrio entre os potenciais humanos, a visão 360, a resiliência, a adaptabilidade, a sincronicidade e o controle emocional. Proposto pela autora Katia Doria da Fonseca Vasconcelos, o QU é uma poderosa ferramenta que permite aos indivíduos desenvolverem suas habilidades e superarem grandes desafios.

Ao longo da história, diversos autores renomados e estudiosos abordaram premissas semelhantes, contribuindo para o desenvolvimento do conceito do QU.

Autores como Daniel Goleman, Howard Gardner e Peter Senge são renomados autores e estudiosos que abordaram temas relacionados à inteligência emocional, múltiplas inteligências e aprendizagem organizacional, respectivamente. Suas obras e premissas são:

1. Daniel Goleman:

- Obra destaque: "Inteligência Emocional" - Goleman explora a importância das habilidades emocionais para o sucesso pessoal e profissional, argumentando que a inteligência emocional é tão crucial quanto o quociente de inteligência (QI) tradicional.
- Premissas: Goleman destaca a importância do autoconhecimento, autogerenciamento, empatia e habilidades sociais na tomada de decisões, relacionamentos interpessoais e liderança eficaz.

2. Howard Gardner:
   - Obra destaque: "Inteligências Múltiplas: A Teoria na Prática" - Gardner propõe a existência de diferentes tipos de inteligências além do QI tradicional, como a inteligência linguística, lógico-matemática, espacial, musical, interpessoal e intrapessoal, entre outras.
   - Premissas: Gardner argumenta que as pessoas possuem habilidades e aptidões diversas, e que a educação deve levar em

consideração essa diversidade, oferecendo oportunidades para o desenvolvimento de todas as inteligências.
3. Peter Senge:
- Obra destaque: "A Quinta Disciplina: A Arte e a Prática da Organização que Aprende" - Senge aborda a aprendizagem organizacional e a importância de criar organizações que sejam capazes de aprender, adaptar-se e inovar continuamente.
- Premissas: Senge enfatiza a necessidade de uma mudança de mentalidade nas organizações, promovendo a colaboração, a aprendizagem em equipe, a visão sistêmica e a busca por soluções sustentáveis e de longo prazo.

Esses autores têm contribuído significativamente para ampliar a compreensão sobre as habilidades emocionais, a diversidade de inteligências e o aprendizado nas organizações, fornecendo insights valiosos que se relacionam com o conceito do QU (Quociente de Inteligência

Universal Sincrônico) proposto pela autora Katia Doria da Fonseca Vasconcelos.

No contexto da gestão de projetos, o QU revela-se uma abordagem altamente relevante. Ele capacita os indivíduos a desenvolverem sua inteligência emocional, a ampliarem sua visão para considerar todos os aspectos envolvidos, a se adaptarem às mudanças, a criarem sincronicidade entre os membros da equipe e a manterem o controle emocional diante dos desafios. Além disso, o QU estimula o desenvolvimento da resiliência, a capacidade de se recuperar rapidamente de adversidades, e promove a harmonia entre os elementos técnicos e humanos envolvidos nos projetos.

Neste livro, "QU na Gestão de Projetos", mergulharemos profundamente na aplicação do QU nesse contexto específico. Dividido em capítulos temáticos, exploraremos desde os conceitos fundamentais do QU até a sua implementação prática na gestão de projetos. Utilizaremos estudos de caso inspiradores e apresentaremos testes individuais que proporcionarão aos leitores a oportunidade de superarem grandes desafios e vivenciarem o antes e depois dessa transformação.

Com esta introdução detalhada, destacando os elementos-chave do QU, a visão ampla sobre o tema, as referências a outros autores e às obras da própria autora, fica evidente a proposta do livro em explorar a aplicação do QU na gestão de projetos, visando desenvolver habilidades essenciais para o sucesso e a superação de desafios.

Definição do QU
(Quociente de Inteligência Universal Sincrônico)

O QU (Quociente de Inteligência Universal Sincrônico) é uma abordagem inovadora que busca promover o equilíbrio entre os potenciais humanos, a visão 360, a resiliência, a adaptabilidade, a sincronicidade e o controle emocional. Essa abordagem, embasada em conceitos holísticos, reconhece a interconexão entre diferentes aspectos da vida e a importância de um desenvolvimento integral.

A essência do QU remonta a diversos fatos históricos que ressaltam a importância de uma visão holística na compreensão do ser humano e seu potencial. Ao longo da história, várias culturas antigas, como a filosofia oriental e os ensinamentos dos povos indígenas, já enfatizavam a conexão entre corpo, mente e espírito, reconhecendo que o desenvolvimento pleno do indivíduo vai além do mero aspecto intelectual.

No campo da psicologia, o psicólogo suíço Carl Jung também trouxe contribuições significativas para a compreensão holística do ser humano. Ele desenvolveu o conceito de individuação, que busca a integração e harmonia das diversas dimensões da personalidade. Jung enfatizou a importância de explorar e integrar tanto o consciente quanto o inconsciente, reconhecendo que a saúde mental e emocional depende dessa totalidade.

A abordagem holística também está presente na medicina, com a visão de que o bem-estar físico não pode ser dissociado do bem-estar emocional, mental e espiritual. Vários sistemas tradicionais de medicina, como a medicina chinesa e a medicina ayurvédica, há séculos consideram a importância da harmonia entre corpo e mente para a saúde plena.

No contexto contemporâneo, o QU surge como uma abordagem que busca sintetizar essas diversas perspectivas e aplicá-las de forma prática e acessível. Ao considerar a inteligência de forma universal e sincrônica, o QU reconhece que o desenvolvimento pleno do indivíduo envolve a integração de todas as suas dimensões, sejam elas cognitivas, emocionais, espirituais ou relacionais.

Portanto, a definição do QU como Quociente de Inteligência Universal Sincrônico engloba a compreensão de que a verdadeira inteligência vai além do intelecto isolado, abraçando a sabedoria que emerge da conexão entre todas as facetas do ser humano. Essa abordagem holística tem o potencial de impulsionar o desenvolvimento pessoal, promover relações mais harmoniosas e potencializar o desempenho em diferentes áreas da vida.

Relevância do QU na gestão de projetos

A relevância do QU (Quociente de Inteligência Universal Sincrônico) na gestão de projetos é fundamentada na compreensão de que os projetos não são apenas empreendimentos técnicos, mas envolvem também a interação de pessoas, processos e contextos complexos. Nesse sentido, o QU se apresenta como uma abordagem inovadora que busca maximizar a eficiência, a sincronicidade e os resultados positivos na condução de projetos.

Historicamente, a gestão de projetos tem se concentrado predominantemente em aspectos técnicos, como o planejamento, o controle de prazos e o gerenciamento de recursos. No entanto, estudos e experiências práticas têm demonstrado que o sucesso de um projeto não se resume apenas a esses elementos. A gestão eficaz de projetos requer uma compreensão holística, considerando aspectos humanos, comportamentais e estratégicos.

Autores renomados, como Daniel Goleman, em seu livro "Inteligência Emocional", destacam a importância das habilidades emocionais e sociais na liderança e na gestão de equipes. Goleman argumenta que a inteligência emocional, que engloba habilidades como a empatia, o autocontrole e a comunicação eficaz, desempenha um papel crucial no sucesso dos projetos.

Da mesma forma, as premissas de Peter Senge, autor do livro "A Quinta Disciplina", são relevantes para a gestão de projetos. Senge propõe que uma visão sistêmica e a capacidade de aprendizagem em equipe são essenciais para o sucesso organizacional. Esses princípios podem ser aplicados à gestão de projetos, considerando a interdependência entre os membros da equipe, a capacidade de adaptação e a aprendizagem contínua ao longo do projeto.

Outro autor influente é Howard Gardner, autor do livro "Inteligências Múltiplas", que defende a ideia de que a inteligência não pode ser limitada a um único tipo de habilidade cognitiva. Gardner propõe a existência de diferentes formas de inteligência, como a inteligência emocional, a inteligência interpessoal e a inteligência criativa. Na gestão de projetos, a compreensão e o desenvolvimento dessas diferentes inteligências podem contribuir para a formação de equipes multidisciplinares e para a abordagem de problemas complexos de forma mais abrangente.

Dentro desse contexto, o QU se destaca pela sua proposta de avaliar e desenvolver habilidades como a visão 360, a resiliência, a adaptabilidade, a sincronicidade e o controle emocional. Esses elementos são fundamentais para lidar com os desafios inerentes à gestão de projetos, como a incerteza, a pressão e a necessidade de tomadas de decisão ágeis e eficientes.

Portanto, a relevância do QU na gestão de projetos reside na sua capacidade de proporcionar uma abordagem mais completa e integrada, considerando não apenas os aspectos técnicos, mas também as habilidades humanas e comportamentais. Ao aplicar o QU na gestão de projetos, os profissionais estarão mais preparados para lidar com as complexidades e incertezas, maximizando a eficiência e alcançando resultados bem-sucedidos.

Objetivos e estrutura do livro

O objetivo deste livro é apresentar aos leitores a aplicação do QU (Quociente de Inteligência Universal Sincrônico) na gestão de projetos, oferecendo uma abordagem inovadora e abrangente para maximizar a eficiência e a sincronicidade nessa área.

Com base em estudos e práticas consolidadas, o livro busca fornecer aos gestores de projetos as ferramentas e estratégias necessárias para otimizar o planejamento, a comunicação e o gerenciamento de equipes, visando alcançar resultados positivos em diferentes contextos e setores.

A estrutura do livro é dividida em seções distintas, cada uma abordando aspectos-chave relacionados à aplicação do QU na gestão de projetos.

Na primeira seção, exploramos os fundamentos do QU, apresentando uma definição clara do Quociente de Inteligência Universal Sincrônico. Nessa parte, também destacamos a importância da abordagem holística e das habilidades essenciais que o QU busca desenvolver, como a visão 360, a resiliência, a adaptabilidade, a sincronicidade e o controle emocional.

Em seguida, adentramos na segunda seção, onde discutimos a relevância do QU na gestão de projetos. Nesse contexto, destacamos casos históricos e exemplos reais que ilustram como a aplicação do QU pode influenciar positivamente o desempenho dos projetos, aumentando a eficiência, promovendo a colaboração e enfrentando os desafios de forma mais eficaz.

A terceira seção aborda os objetivos específicos do livro. Aqui, delineamos claramente o que os leitores podem esperar ao percorrer as páginas deste trabalho. Nosso objetivo é oferecer insights práticos, estratégias acionáveis e exemplos concretos que ajudem os gestores de projetos a aplicar o QU em suas práticas cotidianas, maximizando os resultados e superando obstáculos com maior efetividade.

Além disso, ao longo do livro, faremos referências a outras obras relevantes que abordam o tema do QU, incluindo as premissas da autora Katia Doria da Fonseca Vasconcelos em suas obras anteriores, como

"QU na Era Digital", "QU na Educação", "QU na Criatividade", "QU: Conceito e Aplicabilidade" e "QU na Liderança" e "QU: O Princípio da Evolução Humana". Essas referências adicionais fornecerão uma base sólida e uma compreensão mais ampla do QU e de sua aplicação em diferentes áreas.

Por fim, a estrutura do livro é projetada de forma a facilitar o aprendizado e a aplicação dos conceitos do QU na gestão de projetos. Ao final de cada capítulo, serão apresentados estudos de caso, exercícios práticos e reflexões para que os leitores possam assimilar e aplicar o conhecimento adquirido de maneira efetiva em suas próprias realidades profissionais.

Portanto, o objetivo deste livro é fornecer aos gestores de projetos uma base sólida de conhecimento sobre o QU e suas aplicações, apresentando uma estrutura clara e prática para maximizar a eficiência e a sincronicidade na gestão de projetos.

Capítulo 2: Fundamentos do QU

Explorando os princípios do QU

Neste capítulo, adentraremos os fundamentos essenciais do QU (Quociente de Inteligência Universal Sincrônico) e sua notável relevância na gestão de projetos. Nosso objetivo é aprofundar o entendimento sobre os princípios que sustentam o QU, compreender a importância crucial da sincronicidade e eficiência na gestão de projetos, e analisar a relação direta entre o QU e o sucesso alcançado nos projetos.

Explorando os princípios do QU:

Para compreender plenamente o QU, é essencial mergulharmos nos seus princípios fundamentais. Ao longo deste capítulo, destacaremos cada um deles, revelando como o QU busca equilibrar os potenciais individuais, estimular uma visão 360 graus, desenvolver a resiliência, adaptabilidade e controle emocional, e promover a sincronicidade entre os membros da equipe.

A importância da sincronicidade e eficiência na gestão de projetos:

Ao prosseguir na exploração deste capítulo, nos deteremos na análise da importância crucial da sincronicidade e eficiência na gestão de projetos. Desdobraremos o conceito de sincronicidade, que engloba a harmonia e alinhamento entre os membros da equipe, ações coordenadas e fluidez na execução das tarefas. Destacaremos como a sincronicidade contribui para a redução de conflitos, otimização de recursos e alcance dos objetivos do projeto de maneira mais eficaz.

Além disso, enfatizaremos a importância da eficiência na gestão de projetos, abordando estratégias e práticas que visam maximizar a utilização dos recursos disponíveis, reduzir desperdícios e assegurar a entrega de resultados dentro dos prazos e metas estabelecidos. Exemplificaremos como uma abordagem pautada na sincronicidade e eficiência pode impulsionar positivamente os projetos, gerando resultados impactantes e satisfatórios.

A relação direta entre o QU e o sucesso dos projetos:

Por fim, investigaremos a relação direta entre o QU e o sucesso alcançado nos projetos. Analisaremos de que forma a aplicação dos princípios do QU na gestão de projetos pode influenciar positivamente os resultados obtidos. Apresentaremos estudos de caso e exemplos concretos que ilustram como a adoção do QU pode impulsionar a eficiência, qualidade e satisfação dos stakeholders envolvidos.

Ao longo desse capítulo, iremos fornecer um contexto histórico relevante que evidencia a importância da abordagem holística do QU na gestão de projetos. Apresentaremos exemplos emblemáticos em que a busca pelo equilíbrio entre os elementos-chave do QU e a valorização das competências emocionais desempenharam um papel fundamental em projetos históricos de grande relevância.

O domínio dos fundamentos do QU, a compreensão da sincronicidade e eficiência na gestão de projetos, e a percepção da relação direta entre o QU e o sucesso projetual nos proporcionarão uma base sólida para explorar as estratégias práticas apresentadas nos próximos capítulos.

Entendendo a sincronicidade e eficiência na gestão de projetos

A sincronicidade e eficiência desempenham papéis cruciais na gestão de projetos bem-sucedidos. Para compreendermos melhor essa relação e sua importância, é relevante explorar exemplos históricos em que a aplicação desses princípios levou a resultados excepcionais.

Um exemplo notável é o projeto Apollo, liderado pela NASA na década de 1960, com o objetivo de enviar astronautas à Lua. Nesse empreendimento ambicioso, a sincronicidade entre as equipes de engenharia, ciência e astronautas foi essencial. Cada membro do projeto precisava estar em perfeita sintonia, trabalhando em harmonia para superar desafios técnicos e operacionais. A comunicação eficiente, a coordenação precisa e o alinhamento de objetivos foram fundamentais para o sucesso dessa empreitada histórica.

Outro exemplo inspirador é o desenvolvimento do iPhone pela Apple. A sincronicidade entre as equipes de design, engenharia e marketing permitiu que esse revolucionário dispositivo fosse concebido e lançado no mercado de forma eficiente. A cooperação entre diferentes áreas, o compartilhamento de informações e a colaboração efetiva foram fatores determinantes para a criação de um produto inovador e altamente desejado pelos consumidores.

Referências históricas também podem ser encontradas em projetos de engenharia civil, como a construção da Ponte Golden Gate, em San Francisco. Nesse caso, a sincronicidade entre engenheiros, arquitetos, operários e outros profissionais envolvidos foi imprescindível para a conclusão bem-sucedida dessa icônica obra de engenharia. A coordenação precisa de cronogramas, a tomada de decisões ágeis e a comunicação eficiente garantiram que todas as etapas do projeto fossem executadas de forma eficiente e segura.

Esses exemplos históricos destacam a importância da sincronicidade na gestão de projetos. Quando as equipes estão em sincronia, ocorre uma interação sinérgica que potencializa o desempenho coletivo e a capacidade de enfrentar desafios complexos. A troca de informações, a colaboração e o compartilhamento de conhecimento se tornam mais eficazes, resultando em uma tomada de decisões mais embasada e em um planejamento mais alinhado.

Para embasar cientificamente a compreensão da sincronicidade e eficiência na gestão de projetos, podemos recorrer a autores renomados. Peter Senge, em sua obra "A Quinta Disciplina", explora a importância da aprendizagem em equipe e da visão sistêmica na obtenção de resultados sinérgicos. Daniel Goleman, em seu livro "Inteligência Emocional", ressalta a relevância das competências emocionais na eficiência da gestão de projetos e na criação de um ambiente colaborativo.

A análise de casos históricos e a referência a autores consagrados enriquecem nossa compreensão da sincronicidade e eficiência na gestão de projetos. Esses elementos se entrelaçam com os princípios do QU, proporcionando uma base sólida para aplicação prática desses conceitos no desenvolvimento de projetos bem-sucedidos.

Relação entre o QU e o sucesso dos projetos

A relação entre o QU (Quociente de Inteligência Universal Sincrônico) e o sucesso dos projetos é um aspecto fundamental a ser explorado. Ao compreendermos como o QU influencia positivamente os resultados dos projetos, podemos utilizar esse conhecimento para maximizar a eficiência e a sincronicidade em nossas iniciativas.

Uma das principais contribuições do QU para o sucesso dos projetos está na sua capacidade de promover uma visão 360 graus. O QU nos convida a considerar todos os elementos e perspectivas envolvidos no projeto, desde as metas e objetivos até as necessidades das partes interessadas. Essa abordagem holística ajuda a evitar lacunas de comunicação, conflitos de interesses e desalinhamentos, criando uma base sólida para o sucesso.

Além disso, o QU também enfatiza a importância da resiliência e adaptabilidade na gestão de projetos. A capacidade de lidar com imprevistos, superar obstáculos e se adaptar às mudanças é essencial para o êxito de qualquer empreendimento. O QU nos encoraja a desenvolver essas habilidades, tanto individualmente quanto em equipe, para enfrentar os desafios com confiança e determinação.

Outro aspecto crucial é a sincronicidade promovida pelo QU. A sincronicidade envolve a interconexão harmoniosa entre os membros da equipe, a fluidez na comunicação e a colaboração efetiva. Quando as pessoas estão em sintonia, compartilhando informações e trabalhando em conjunto, a produtividade aumenta, os conflitos diminuem e as chances de sucesso do projeto se ampliam significativamente.

É importante destacar que o QU não se trata apenas de um conjunto de habilidades técnicas, mas também de competências emocionais e sociais. A inteligência emocional desempenha um papel fundamental na gestão de projetos, permitindo que os líderes e membros da equipe entendam e gerenciem suas próprias emoções e as dos outros de maneira construtiva. A capacidade de controlar as emoções, lidar com o estresse e manter a motivação é essencial para manter o foco, a eficiência e o engajamento ao longo do projeto.

Ao analisar casos de sucesso na gestão de projetos, podemos observar a influência do QU. Empresas como Google, Apple e SpaceX são exemplos de organizações que incorporam os princípios do QU em suas abordagens, o que resulta em projetos inovadores e bem-sucedidos. Essas empresas valorizam a visão holística, a resiliência, a adaptabilidade, a sincronicidade e a inteligência emocional, reconhecendo sua importância para alcançar resultados excepcionais.

Portanto, a relação entre o QU e o sucesso dos projetos é evidente. Ao aplicarmos os princípios do QU na gestão de projetos, estamos criando as condições ideais para maximizar a eficiência, a sincronicidade e, consequentemente, os resultados positivos em diversas áreas de atuação. O QU se torna uma abordagem poderosa para impulsionar a excelência na gestão de projetos e conduzir equipes em direção ao sucesso.

Capítulo 3: Otimizando o Planejamento de Projetos com o QU

Utilizando o QU para definir objetivos claros e realistas

No terceiro capítulo deste livro, exploraremos como otimizar o planejamento de projetos por meio da aplicação do QU (Quociente de Inteligência Universal Sincrônico). Neste contexto, focaremos especificamente no uso do QU para definir objetivos claros e realistas, um passo fundamental para o sucesso de qualquer empreendimento.

Ao utilizar o QU para definir objetivos, buscamos estabelecer metas que sejam ao mesmo tempo desafiadoras e alcançáveis. A definição de objetivos claros é essencial para orientar o trabalho da equipe, direcionar os esforços e medir o progresso ao longo do projeto. Através da aplicação do QU, podemos garantir que os objetivos estejam alinhados com a visão e propósito do projeto, evitando expectativas irreais ou pouco fundamentadas.

Uma das principais premissas do QU é a importância da visão 360 graus. Ao adotar essa perspectiva abrangente, somos capazes de considerar todos os aspectos relevantes para o sucesso do projeto, levando em conta não apenas os resultados finais, mas também as necessidades das partes interessadas, os recursos disponíveis e os possíveis desafios a serem enfrentados. Essa abordagem holística nos ajuda a estabelecer objetivos que sejam realistas e viáveis, levando em conta todas as variáveis envolvidas.

Além disso, o QU incentiva a definição de metas que sejam mensuráveis e específicas. Ao estabelecer critérios claros para avaliar o progresso e o sucesso do projeto, é possível acompanhar de forma mais precisa e objetiva o alcance dos objetivos propostos. Isso não apenas facilita o monitoramento do projeto, mas também promove a transparência e a comunicação efetiva entre os membros da equipe.

Para otimizar o planejamento com o QU, é fundamental envolver toda a equipe no processo de definição de objetivos. Ao promover a participação ativa e o engajamento de todos os membros, podemos aproveitar a diversidade de perspectivas e experiências para estabelecer metas mais abrangentes e coerentes. A colaboração e a co-criação são elementos-chave nesse processo, permitindo a construção de objetivos compartilhados e o fortalecimento do senso de pertencimento e comprometimento da equipe.

Ao longo deste capítulo, serão apresentados exemplos práticos de como o QU pode ser aplicado para otimizar o planejamento de projetos. Serão explorados casos de sucesso de empresas e organizações que utilizaram o QU como ferramenta para definir objetivos claros e realistas, alcançando resultados significativos. Além disso, serão compartilhadas estratégias e técnicas específicas para a implementação do QU no processo de planejamento, garantindo uma abordagem eficiente e alinhada às necessidades do projeto.

Em resumo, o terceiro capítulo deste livro tem como objetivo demonstrar como o QU pode ser aplicado para otimizar o planejamento de projetos, com foco na definição de objetivos claros e realistas. Ao utilizar o QU nesse contexto, estamos criando as bases sólidas para o sucesso do projeto, estabelecendo metas desafiadoras, porém alcançáveis, e promovendo uma abordagem holística e participativa. O QU se torna uma ferramenta poderosa para orientar o planejamento e direcionar a equipe em direção aos resultados desejados.

Estruturando o cronograma de forma sincronizada

No contexto da gestão de projetos, o cronograma desempenha um papel fundamental na organização e no acompanhamento das atividades ao longo do tempo. O QU (Quociente de Inteligência Universal Sincrônico) oferece uma abordagem inovadora para estruturar o cronograma de forma sincronizada, garantindo a eficiência e a harmonia na execução do projeto.

Estruturar o cronograma de forma sincronizada significa considerar não apenas as dependências lógicas entre as atividades, mas também a interação entre as pessoas envolvidas, os recursos disponíveis e as restrições do ambiente. O QU reconhece que a sincronicidade entre as diversas partes do projeto é fundamental para evitar atrasos, conflitos e retrabalho.

Ao utilizar o QU para estruturar o cronograma, busca-se criar uma sequência de atividades que esteja alinhada com a capacidade da equipe, levando em consideração a disponibilidade de recursos, as habilidades necessárias e as restrições de tempo. Isso envolve uma análise cuidadosa das interdependências entre as tarefas, identificando as atividades críticas e as possíveis margens de flexibilidade.

Além disso, a estruturação do cronograma de forma sincronizada também considera a gestão eficiente dos riscos. O QU propõe uma abordagem holística na identificação e no gerenciamento dos riscos do projeto, levando em conta tanto os aspectos técnicos como os aspectos humanos e emocionais. Isso permite antecipar e mitigar potenciais problemas que possam comprometer o andamento do cronograma.

A sincronicidade na estruturação do cronograma envolve também a comunicação efetiva entre os membros da equipe e outras partes interessadas. O QU enfatiza a importância da clareza na definição das atividades, na atribuição de responsabilidades e na troca de informações relevantes. Isso promove a colaboração, o alinhamento de expectativas e a resolução ágil de problemas, contribuindo para a sincronicidade na execução do projeto.

Ao longo deste capítulo, serão apresentadas técnicas e práticas específicas para estruturar o cronograma de forma sincronizada, considerando os princípios do QU. Exemplos e estudos de caso serão explorados, demonstrando como a abordagem sincrônica pode impactar positivamente a eficiência e a qualidade da gestão de projetos.

Em resumo, este item do capítulo 3 destaca a importância de estruturar o cronograma de forma sincronizada na gestão de projetos, utilizando os princípios do QU. Ao considerar a interação entre as atividades, as pessoas e os recursos, é possível evitar atrasos, conflitos e retrabalho, promovendo a eficiência e a harmonia na execução do projeto.

Ao utilizar o QU (Quociente de Inteligência Universal Sincrônico) para otimizar o planejamento de projetos, podem ser aplicadas diversas estratégias e técnicas que visam maximizar a eficiência e a sincronicidade nas etapas de planejamento. Essas abordagens ajudam a garantir que os projetos sejam bem estruturados, alinhados com os objetivos e entregues dentro dos prazos estabelecidos.

Uma estratégia importante é a utilização de metodologias ágeis, como o Scrum ou o Kanban, que valorizam a flexibilidade, a colaboração e a adaptação contínua. Essas metodologias promovem a quebra do projeto em incrementos menores e o estabelecimento de ciclos de trabalho, permitindo uma gestão mais eficiente das atividades e uma melhor adaptação às mudanças e imprevistos que possam surgir ao longo do caminho.

No contexto do Scrum, o QU pode ser aplicado para desenvolver uma mentalidade sincrônica e equilibrada entre os membros da equipe. Através do QU, eles podem aprimorar habilidades como resiliência, adaptabilidade e controle emocional, permitindo uma melhor gestão dos desafios e mudanças durante os sprints. Além disso, o QU também promove a comunicação eficaz, colaboração e alinhamento dos objetivos do projeto, contribuindo para o sucesso geral do Scrum.

No Kanban, o QU pode ser aplicado para desenvolver uma visão 360 do projeto. Os membros da equipe podem utilizar o QU para compreender abrangentemente as diferentes etapas do fluxo de trabalho, identificar gargalos, promover a sincronicidade e otimizar a eficiência. Além disso, o QU ajuda a promover a resiliência e adaptabilidade, capacitando a equipe a lidar eficazmente com as demandas e mudanças inerentes ao projeto Kanban.

Outra técnica é a definição de marcos relevantes ao longo do projeto. Os marcos representam pontos de referência importantes, como a conclusão de uma fase crítica, a entrega de um produto específico ou a realização de uma revisão. Ao estabelecer marcos claros, é possível acompanhar o progresso do projeto e garantir que esteja no caminho certo.

A utilização de ferramentas de gerenciamento de projetos também desempenha um papel fundamental na otimização do planejamento. Existem diversas opções disponíveis, como o Gantt Chart, que permite visualizar o cronograma de forma clara e identificar as dependências entre as tarefas, e o uso de software de colaboração e comunicação que facilita a coordenação e o compartilhamento de informações entre os membros da equipe.

Já no Gantt Chart, o QU pode ser aplicado para aprimorar o planejamento e organização do projeto. Os princípios do QU permitem que a equipe defina objetivos claros e realistas, identifique tarefas críticas e estabeleça prazos adequados. Além disso, o QU promove a sincronicidade entre as diferentes atividades do projeto, garantindo uma coordenação eficiente e a entrega de resultados de alta qualidade.

Ao integrar os princípios do QU nas abordagens ágeis de gerenciamento de projetos, é possível obter benefícios adicionais e melhorar a eficácia geral do projeto. Ao promover uma mentalidade sincrônica, equilíbrio emocional, comunicação eficaz, colaboração, visão 360, resiliência e adaptabilidade, o QU se torna uma ferramenta poderosa para maximizar a eficiência e o sucesso dos projetos ágeis.

Além disso, o QU enfatiza a importância da comunicação eficaz e da colaboração entre os membros da equipe. Ao promover uma cultura de transparência, compartilhamento de conhecimento e alinhamento de expectativas, o QU contribui para um planejamento mais eficiente, reduzindo significativamente a possibilidade de conflitos e problemas de comunicação ao longo do projeto.

É crucial destacar que as estratégias e técnicas utilizadas para otimizar o planejamento de projetos com base no QU podem variar dependendo da natureza e complexidade de cada projeto. Portanto, é essencial adaptar essas abordagens às necessidades específicas de cada contexto, garantindo que sejam adequadas e eficazes.

Em resumo, a otimização do planejamento de projetos utilizando o QU requer a aplicação de diversas estratégias e técnicas, como a utilização de metodologias ágeis, a definição de marcos relevantes, o uso de ferramentas de gerenciamento de projetos e a promoção da comunicação e colaboração entre a equipe. Essas abordagens contribuem para maximizar a eficiência, a sincronicidade e o sucesso dos projetos, fortalecendo a equipe e garantindo que o projeto seja entregue dentro do prazo e com alta qualidade.

Aplicando técnicas do QU para identificar riscos e estabelecer planos de contingência

A aplicação de técnicas do QU (Quociente de Inteligência Universal Sincrônico) na identificação de riscos e estabelecimento de planos de contingência oferece uma abordagem abrangente e equilibrada para lidar com os desafios e incertezas dos projetos. Essas técnicas, congruentes com os princípios do QU, permitem uma gestão mais eficiente e eficaz dos riscos, contribuindo para o sucesso dos projetos.

Uma das técnicas fundamentais é a análise SWOT (Strengths, Weaknesses, Opportunities, and Threats - Forças, Fraquezas, Oportunidades e Ameaças). Essa ferramenta permite identificar os pontos fortes e fracos internos do projeto, bem como as oportunidades e ameaças externas, auxiliando na identificação dos riscos e na elaboração de estratégias de contingência.

Outra técnica importante é a análise de causa e efeito, também conhecida como diagrama de Ishikawa ou diagrama de espinha de peixe. Essa técnica visa identificar as causas raiz dos problemas ou riscos, permitindo uma compreensão mais profunda dos fatores que podem impactar negativamente o projeto. Com base nessa análise, é possível estabelecer planos de contingência adequados para mitigar os riscos identificados.

A análise de sensibilidade é outra técnica valiosa para identificar os riscos e sua probabilidade de ocorrência. Essa técnica envolve a avaliação dos diversos fatores que podem influenciar o projeto e sua interdependência, permitindo uma análise mais precisa dos riscos e a definição de medidas preventivas e planos de contingência apropriados.

Além disso, a utilização de checklists e brainstorming pode ser muito útil na identificação de riscos potenciais. O uso de checklists ajuda a garantir que nenhum risco relevante seja negligenciado, enquanto o brainstorming permite que a equipe colabore e compartilhe suas perspectivas e experiências, identificando riscos que podem passar despercebidos individualmente.

Ao aplicar essas técnicas do QU, é possível obter uma visão mais abrangente e sistêmica dos riscos envolvidos no projeto, considerando não apenas os aspectos técnicos, mas também os fatores emocionais, sociais e ambientais. Isso permite uma identificação mais precisa dos riscos e a elaboração de planos de contingência adequados, levando em conta a resiliência, a adaptabilidade e o equilíbrio emocional necessários para lidar com esses desafios.

A aplicação dessas técnicas do QU para identificar riscos e estabelecer planos de contingência contribui para uma gestão mais eficiente e eficaz dos projetos. Ao antecipar e mitigar os riscos potenciais, a equipe estará preparada para lidar com os desafios que possam surgir, minimizando impactos negativos e maximizando as chances de sucesso do projeto.

Essa abordagem integrada e holística, baseada nos princípios do QU, permite uma gestão mais completa e equilibrada dos riscos, promovendo resultados mais satisfatórios. QU é uma ferramenta que visa o desenvolvimento individual, permitindo que cada integrante do projeto identifique seus potenciais, supere desafios e melhore suas habilidades. No contexto da identificação de riscos e estabelecimento de planos de contingência, a aplicação do QU pode ocorrer de forma complementar, apoiando o desenvolvimento e a preparação individual dos membros da equipe para lidar com os riscos do projeto.

Ao utilizar o QU como uma abordagem individual, os membros da equipe podem se autoavaliar e identificar áreas em que precisam melhorar para lidar com os riscos do projeto de forma mais eficaz. Por exemplo, o QU pode ajudar a desenvolver a resiliência emocional, a adaptabilidade, a visão 360 e o controle emocional, habilidades essenciais para enfrentar desafios e imprevistos.

Dessa forma, cada integrante do projeto pode aplicar as técnicas e estratégias do QU para melhorar suas capacidades e contribuir para a identificação de riscos de maneira mais abrangente. Através do desenvolvimento individual, a equipe como um todo se torna mais preparada e capacitada para identificar, analisar e enfrentar os riscos que possam surgir no projeto.

Além disso, a aplicação individual do QU também pode promover uma melhor comunicação e colaboração entre os membros da equipe na identificação de riscos. Ao compreenderem melhor suas próprias habilidades e necessidades de desenvolvimento, os membros da equipe podem compartilhar suas perspectivas e experiências, contribuindo para uma análise mais completa e precisa dos riscos.

Portanto, embora a aplicação das técnicas do QU para identificação de riscos e planos de contingência seja voltada para o desenvolvimento individual, ela se encaixa no contexto da gestão de projetos ao fortalecer as capacidades individuais dos membros da equipe. Essa abordagem individual contribui para uma visão mais holística e equilibrada na identificação de riscos, proporcionando uma gestão de projetos mais eficiente e eficaz.

No próximo capítulo, iremos explorar como o QU pode ser aplicado no gerenciamento de equipes, aprimorando a colaboração, liderança e engajamento dos membros em prol do sucesso do projeto.

Capítulo 4: Comunicação Sincronizada para o Sucesso do Projeto

Práticas de comunicação efetiva na gestão de projetos

O QU (Quociente de Inteligência Universal Sincrônico) desempenha um papel significativo na melhoria da comunicação dentro de um projeto. Ele oferece uma abordagem abrangente que considera não apenas os aspectos técnicos, mas também os fatores emocionais, sociais e ambientais envolvidos na interação entre as pessoas.

Uma das maneiras pelas quais o QU pode contribuir para uma comunicação mais alinhada e produtiva é por meio do desenvolvimento da inteligência emocional. Ao aplicar as técnicas e estratégias do QU, os membros da equipe são capacitados a reconhecer e gerenciar suas próprias emoções, bem como entender as emoções dos outros. Isso possibilita uma comunicação mais empática, que leva em consideração as necessidades e os sentimentos das pessoas envolvidas, fortalecendo os relacionamentos interpessoais e promovendo a colaboração.

Além disso, o QU incentiva a prática da escuta ativa, que é fundamental para uma comunicação efetiva. A escuta ativa, como mencionado anteriormente, envolve prestar atenção total ao interlocutor, demonstrar interesse genuíno e fornecer feedback adequado. Ao aplicar as habilidades do QU, como a concentração plena e o controle das distrações, os membros da equipe podem aprimorar sua capacidade de escutar ativamente, compreendendo melhor as mensagens transmitidas e respondendo de forma adequada.

Outro aspecto importante do QU é a promoção da clareza nas mensagens. Por meio do uso de técnicas do QU, como a organização lógica das informações e a ênfase nos pontos-chave, os membros da equipe aprendem a transmitir suas ideias de forma clara e concisa. Isso evita ambiguidades e mal-entendidos, garantindo que as mensagens sejam compreendidas corretamente por todos os envolvidos.

Além disso, o QU valoriza a importância de adaptar o estilo de comunicação de acordo com o público-alvo. Cada pessoa tem suas próprias necessidades, nível de conhecimento e preferências de comunicação. Ao aplicar os princípios do QU, os membros da equipe são incentivados a ajustar sua forma de se comunicar para garantir que as informações sejam transmitidas de maneira clara e compreensível para cada indivíduo.

Ao integrar o QU na gestão de projetos, é possível estabelecer uma cultura de comunicação alinhada e produtiva, em que os membros da equipe se sintam ouvidos, compreendidos e valorizados. Isso contribui para a construção de relacionamentos mais sólidos, aumenta a confiança entre os membros da equipe e melhora a colaboração e o engajamento geral. A aplicação do QU na comunicação promove um ambiente de trabalho mais harmonioso e eficiente, impactando positivamente o sucesso do projeto.

A importância da escuta ativa e clareza nas mensagens

A escuta ativa desempenha um papel fundamental na comunicação efetiva em projetos. Ao praticar a escuta ativa, os membros da equipe se engajam plenamente nas conversas, demonstrando interesse genuíno pelo que está sendo dito. Isso envolve prestar atenção aos detalhes, fazer perguntas pertinentes e proporcionar um ambiente acolhedor para que os outros se expressem.

A escuta ativa contribui para uma compreensão mais profunda das necessidades, preocupações e ideias de cada membro da equipe e das partes interessadas envolvidas no projeto. Ao dedicar tempo e atenção às perspectivas dos outros, é possível obter informações valiosas e construir relacionamentos mais sólidos.

Além disso, a clareza nas mensagens é essencial para evitar mal-entendidos e garantir que as informações sejam transmitidas de forma precisa e compreensível. Ao articular ideias de maneira clara e objetiva, os membros da equipe minimizam a possibilidade de interpretações errôneas e facilitam a compreensão mútua.

Uma das técnicas para promover a clareza na comunicação é formular perguntas claras e bem direcionadas. Fazer perguntas adequadas estimula a participação ativa das pessoas envolvidas, promove o esclarecimento de informações e aprofunda a compreensão de determinados assuntos. As perguntas podem direcionar a discussão para pontos importantes, desafiando suposições e revelando novas perspectivas.

A escuta ativa e a clareza nas mensagens são elementos essenciais para promover uma comunicação alinhada e efetiva em projetos. Ao aplicar o QU, os membros da equipe são capacitados a aprimorar suas habilidades de escuta, compreender melhor as necessidades dos outros e transmitir informações de maneira clara e concisa. Isso resulta em uma comunicação mais colaborativa, aumenta a confiança e fortalece a coesão da equipe, contribuindo para o sucesso do projeto.

Utilizando o QU para promover uma comunicação alinhada e produtiva

O QU, como uma abordagem holística na gestão de projetos, desempenha um papel importante na promoção de uma comunicação efetiva e alinhada. Vamos explorar como os princípios do QU podem ser aplicados para melhorar a comunicação em um projeto.

Uma das principais contribuições do QU para a comunicação é o desenvolvimento da resiliência emocional. Ao adotar uma abordagem resiliente, os membros da equipe são capazes de lidar com desafios e pressões de forma mais equilibrada, o que reduz a probabilidade de conflitos e promove um ambiente comunicativo mais colaborativo.

Outro aspecto fundamental é a adaptabilidade, que envolve a capacidade de se ajustar às mudanças e às necessidades de diferentes stakeholders. Ao aplicar a adaptabilidade na comunicação, os membros da equipe podem ser mais receptivos a novas ideias, perspectivas e formas de se expressar, o que favorece a compreensão mútua e a troca de informações de maneira mais eficaz.

A visão 360, um princípio central do QU, também é relevante para a comunicação alinhada. Ela envolve considerar diferentes pontos de vista e abordagens, valorizando a diversidade de perspectivas dentro da equipe. Ao adotar uma visão 360 na comunicação, os membros da equipe são incentivados a ouvir ativamente, respeitar opiniões divergentes e buscar soluções que integrem as diversas contribuições.

Além disso, o QU enfatiza a prática da empatia, que é fundamental para uma comunicação produtiva. A empatia permite compreender e considerar as necessidades e sentimentos dos outros, promovendo um ambiente de confiança e respeito mútuo. Ao se colocar no lugar dos outros e valorizar suas perspectivas, os membros da equipe podem se comunicar de forma mais empática, construindo relacionamentos sólidos e promovendo uma comunicação mais harmoniosa.

Outra técnica do QU é o estímulo ao diálogo aberto e construtivo. Isso implica encorajar a troca de ideias e opiniões de maneira respeitosa, promovendo um ambiente onde todos se sintam à vontade para expressar suas preocupações, desafios e sugestões. O diálogo aberto e construtivo contribui para uma comunicação mais transparente e efetiva, facilitando a resolução de problemas e o desenvolvimento de soluções inovadoras.

Ao aplicar o QU para promover uma comunicação alinhada e produtiva, os membros da equipe podem criar um ambiente colaborativo, onde a troca de informações é clara, respeitosa e orientada para resultados. Isso fortalece os laços entre os membros da equipe, melhora a compreensão mútua e impulsiona o sucesso do projeto.

Exemplo de estudo de caso: Impulsionando o sucesso dos projetos por meio do QU.

Durante um período abrangendo desde 1989 até os dias atuais, tive o privilégio de liderar projetos transformadores para diversas empresas renomadas. Entre elas, destaco a Multialloy Multinacional, Editora Exclusiva, KazTV, Iepê, Cantareira Turismo, Firenze, APF, Dayco, Ambev e, atualmente, a minha própria empresa, KazStudio.

Em cada uma dessas experiências, coloquei em prática os princípios do QU para elevar a comunicação e o engajamento das equipes a patamares extraordinários. Um projeto em particular, desenvolvido para a Multialloy

Multinacional, demonstra de maneira impactante o poder do QU na obtenção de resultados excepcionais.

O ponto de partida foi o entendimento profundo das necessidades, receios e desafios enfrentados pelos membros da equipe. Por meio da escuta ativa, dediquei tempo valioso para compreender suas perspectivas individuais, suas incertezas e suas inseguranças diante do desconhecido.

Em seguida, apliquei com maestria os princípios do QU para criar um projeto sob medida, perfeitamente alinhado às rotinas e necessidades da equipe da Multialloy Multinacional. Com o QU como guia, projetei um sistema altamente adaptável, integrando-se harmoniosamente às suas práticas existentes. O resultado foi um projeto que não apenas minimizou impactos, mas também gerou um alto nível de aceitação e entusiasmo entre os colaboradores.

A receptividade positiva foi espetacular! O projeto desenvolvido com a aplicação do QU continua prosperando até os dias de hoje, mesmo diante das mudanças e do crescimento acelerado da Multialloy

Multinacional. Esse exemplo concreto comprova que a adoção do QU é um processo contínuo e essencial para o sucesso sustentado.

Ao utilizar essa história inspiradora, evidencio como a aplicação do QU na comunicação dos projetos teve um impacto inegável. Ele possibilitou uma compreensão profunda das necessidades individuais de cada equipe, resultando em um engajamento excepcional. Além disso, ressalto como a adaptabilidade do QU foi um fator-chave para a criação de uma solução personalizada, perfeitamente integrada às rotinas e processos já estabelecidos na Multialloy Multinacional.

A jornada que percorri ao aplicar o QU em projetos de empresas renomadas é uma prova viva de que a comunicação eficaz e o alinhamento estratégico são a essência do sucesso. Não importa o tamanho da empresa ou o desafio enfrentado, o QU é a ferramenta poderosa que permite alcançar resultados extraordinários.

Esse exemplo prático é apenas uma amostra do que é possível conquistar ao utilizar o QU como uma abordagem estratégica em projetos. Convido você a explorar as infinitas possibilidades e a desbravar novos horizontes, impulsionando o sucesso de seus próprios empreendimentos com a força do QU.

Neste capítulo, exploramos a importância da comunicação efetiva na gestão de projetos e como o QU pode ser aplicado para promover uma comunicação alinhada e produtiva. Vimos que práticas de comunicação, como reuniões regulares e adoção de uma linguagem clara, são fundamentais para garantir que as informações sejam transmitidas de forma adequada e compreendidas corretamente.

Além disso, destacamos a importância da escuta ativa, que nos permite compreender melhor as necessidades e expectativas dos envolvidos no projeto, e a clareza nas mensagens, evitando ambiguidades e mal-entendidos. A aplicação dos princípios do QU, como resiliência emocional, adaptabilidade e visão 360, pode influenciar positivamente a forma como nos comunicamos e nos relacionamos com os outros.

Ao praticar a empatia, valorizar a diversidade de perspectivas e estimular o diálogo aberto e construtivo, podemos criar um ambiente de comunicação onde todos se sintam ouvidos e suas contribuições sejam valorizadas. Isso promove uma colaboração mais eficiente e uma compreensão mútua mais profunda.

Ao final deste capítulo, fica claro que a comunicação efetiva desempenha um papel essencial no sucesso de um projeto. Ao utilizar as práticas e técnicas abordadas aqui, juntamente com os princípios do QU, podemos estabelecer uma base sólida para uma comunicação sincronizada e produtiva, garantindo melhores resultados para o projeto como um todo. No próximo capítulo, exploraremos o desenvolvimento de equipes sincronizadas.

Capítulo 5: Desenvolvimento de Equipes Sincronizadas

Liderança e motivação baseadas no QU

A liderança eficaz desempenha um papel fundamental na gestão de equipes e no sucesso de projetos. Um líder habilidoso não apenas busca alcançar resultados, mas também tem o poder de desenvolver equipes coesas, motivadas e alinhadas aos objetivos do projeto. É nesse contexto que os princípios do QU (Quality of Understanding) desempenham um papel essencial.

O QU, como uma abordagem holística na gestão de projetos, destaca a importância de uma comunicação efetiva, da resiliência emocional, da adaptabilidade e da visão 360. Esses princípios podem ser aplicados de maneira poderosa para promover uma liderança bem-sucedida.

Quando um líder adota os princípios do QU, ele vai além de meramente dar ordens e supervisionar. Ele se torna um facilitador, um inspirador e um construtor de equipes coesas. A liderança baseada no QU reconhece que cada membro da equipe possui perspectivas valiosas e busca envolvê-los ativamente nas decisões e no desenvolvimento do projeto.

Ao promover uma comunicação efetiva, o líder baseado no QU estabelece um ambiente de trabalho onde as informações fluem de maneira clara e aberta. Isso permite que todos os membros da equipe entendam suas tarefas, metas e expectativas, facilitando a colaboração e evitando mal-entendidos.

A resiliência emocional é outra pedra angular da liderança baseada no QU. Um líder resiliente é capaz de lidar com os desafios e pressões de forma equilibrada, mantendo a calma e transmitindo confiança aos membros da equipe. Isso cria um ambiente de trabalho mais seguro e estimulante, onde os membros da equipe podem se sentir à vontade para expressar suas ideias e se engajar plenamente.

A adaptabilidade é uma qualidade essencial para um líder baseado no QU. Diante das mudanças constantes em um projeto, um líder adaptável é capaz de ajustar-se rapidamente, encontrar soluções inovadoras e manter a equipe motivada. A capacidade de se adaptar às necessidades em evolução e de incentivar a flexibilidade entre os membros da equipe é fundamental para enfrentar os desafios de um projeto de forma eficaz.

Por fim, a liderança baseada no QU incorpora a visão 360, que valoriza as diversas perspectivas dentro da equipe. Um líder com visão 360 incentiva a participação ativa de todos os membros, promove a escuta ativa e considera diferentes pontos de vista ao tomar decisões. Essa abordagem enriquece a tomada de decisão e cria um senso de pertencimento e colaboração entre os membros da equipe.

No decorrer deste capítulo, exploraremos em detalhes como os princípios do QU podem ser aplicados para promover uma liderança eficaz, desenvolver equipes coesas e motivadas, e alcançar resultados extraordinários. Compreenderemos como a liderança baseada no QU vai além da simples gestão e se torna um catalisador para o sucesso do projeto.

A liderança eficaz baseada nos princípios do QU, como resiliência emocional, adaptabilidade e visão 360, é fundamental para criar um ambiente de trabalho saudável e produtivo. Esses princípios influenciam positivamente a liderança e a dinâmica da equipe, promovendo resultados excepcionais. Vamos explorar como cada um desses princípios pode ser aplicado na liderança, juntamente com exemplos práticos.

A resiliência emocional é essencial para líderes lidarem com desafios e pressões de forma equilibrada, transmitindo confiança e estabilidade para a equipe. Um líder resiliente reconhece suas próprias emoções e as gerencia de maneira saudável. Isso permite que eles sejam um exemplo para a equipe, mesmo em momentos de dificuldade. Estratégias para desenvolver a resiliência emocional incluem promover a autorreflexão, incentivar o autocuidado e fornecer suporte emocional aos membros da equipe.

A adaptabilidade é crucial para líderes enfrentarem as constantes mudanças em um ambiente de projetos. Líderes adaptáveis são capazes de se ajustar rapidamente às necessidades da equipe e do projeto, incentivando a flexibilidade e a busca por soluções inovadoras. Eles promovem uma mentalidade aberta a novas ideias e estimulam a aprendizagem contínua. Por exemplo, um líder adaptável pode redefinir prioridades e realocar recursos quando surge uma nova demanda ou mudança no escopo do projeto.

A visão 360 na liderança envolve considerar diferentes perspectivas e valorizar a diversidade de opiniões dentro da equipe. Líderes com visão 360 ouvem ativamente, respeitam as opiniões divergentes e integram as diversas contribuições para tomar decisões mais informadas e alinhadas aos objetivos do projeto. Eles promovem a participação ativa de todos os membros da equipe, criando um ambiente colaborativo. Por exemplo, um líder com visão 360 pode realizar reuniões de brainstorming, onde cada membro tem a oportunidade de compartilhar suas ideias e contribuir para a solução de problemas.

Ao aplicar esses princípios do QU na liderança, os líderes se tornam agentes de mudança e facilitadores do sucesso da equipe. Eles criam um ambiente de trabalho onde os membros se sentem valorizados, engajados e inspirados a alcançar resultados excepcionais. No próximo tópico, discutiremos estratégias para motivar e inspirar os membros da equipe, incentivando a colaboração e o engajamento.

A motivação e a inspiração desempenham um papel fundamental na liderança, pois influenciam diretamente o desempenho e a produtividade da equipe. Quando os membros da equipe estão motivados e inspirados, eles se engajam mais nas tarefas e se esforçam para alcançar resultados excepcionais.

Para aplicar os princípios do QU na liderança e promover a motivação e inspiração da equipe, é possível incorporar algumas práticas adicionais. Além das estratégias mencionadas anteriormente, como definir metas claras e desafiadoras, reconhecer e valorizar o trabalho individual e coletivo, fomentar um ambiente de confiança e apoio, oferecer oportunidades de desenvolvimento e estimular a colaboração, você pode considerar a aplicação do teste de QU antes e depois das atividades.

Ao aplicar o teste de QU antes de iniciar uma tarefa ou projeto, os membros da equipe podem estabelecer metas pessoais alinhadas aos objetivos do trabalho, o que aumenta a motivação intrínseca. Após a conclusão da atividade, a aplicação do teste de QU novamente permite que a equipe avalie seu desempenho, identifique pontos fortes e áreas de melhoria, e se sinta inspirada a continuar progredindo.

Essa prática de avaliação prévia e posterior também pode ser uma oportunidade para os líderes reconhecerem publicamente os esforços individuais e coletivos, fortalecendo ainda mais a motivação da equipe. Além disso, ao discutir os resultados do teste de QU, os líderes podem destacar as conquistas e reconhecer o progresso, proporcionando inspiração e incentivo para a equipe.

Portanto, a prática de aplicar o teste de QU antes e depois das atividades pode ser uma abordagem eficaz para estimular a motivação e a inspiração da equipe, integrando-se às estratégias já mencionadas. Isso cria um ciclo de avaliação contínua, reconhecimento e aprimoramento, que contribui para um ambiente de trabalho positivo, engajador e orientado para resultados.

A liderança baseada no QU desempenha um papel fundamental na criação de equipes motivadas, engajadas e alinhadas aos objetivos do projeto. Ao aplicar os princípios do QU na liderança, é possível construir um ambiente de trabalho saudável, colaborativo e produtivo, impulsionando o sucesso do projeto como um todo.

Ao longo deste capítulo, exploramos como os princípios do QU podem ser aplicados na liderança de equipes. Discutimos a importância da resiliência emocional, adaptabilidade e visão 360 na liderança, bem como estratégias para desenvolver essas habilidades. Também abordamos a motivação e a inspiração da equipe, compartilhando estratégias para incentivá-las e promover o engajamento e a colaboração.

A liderança baseada no QU vai além de simplesmente alcançar resultados. Ela visa construir equipes coesas, motivadas e produtivas, que se destacam pelo trabalho em conjunto e pela sinergia. Ao aplicar os princípios do QU na liderança, os líderes têm a oportunidade de influenciar positivamente a dinâmica da equipe, criar um ambiente de confiança e apoio mútuo, e promover a valorização das contribuições individuais e coletivas.

Uma liderança baseada no QU também reconhece a importância da avaliação contínua e do aprendizado. Ao utilizar práticas como a aplicação do teste de QU antes e depois das atividades, os líderes podem identificar pontos fortes e áreas de melhoria, promovendo o crescimento tanto dos indivíduos quanto da equipe como um todo. Essa abordagem gera um ciclo de aprimoramento constante e fortalece a motivação e a inspiração da equipe.

Em resumo, a liderança baseada no QU é uma abordagem poderosa para o desenvolvimento de equipes sincronizadas. Ao aplicar os princípios do QU na liderança, os líderes têm a oportunidade de criar um ambiente de trabalho saudável, colaborativo e produtivo, onde os membros da equipe se sentem valorizados, motivados e engajados. Isso não apenas impulsiona o sucesso do projeto, mas também contribui para o crescimento individual e coletivo dos membros da equipe. Com uma liderança baseada no QU, as equipes têm o potencial de alcançar resultados excepcionais e criar um legado de sucesso.

Construindo equipes coesas e colaborativas

Destacar a importância da equipe desde o início é fundamental. O uso do Quociente de Inteligência Universal Sincrônico (QU) é uma abordagem eficaz nesse processo. O QU, baseado em visão 360, resiliência, adaptabilidade, sincronicidade e controle emocional, é uma ferramenta para avaliar o potencial dessas habilidades em cada membro. Testes pré e pós-desafios fornecem insights valiosos para o desenvolvimento da equipe.

A liderança desempenha papel fundamental na construção de equipes coesas. Aplicando os princípios do QU, os líderes podem direcionar o desenvolvimento da equipe, identificando áreas de melhoria e fornecendo orientação e treinamento. Isso incentiva o crescimento individual e fortalece a equipe como um todo.

Resiliência emocional, adaptabilidade e visão 360 são características essenciais para liderar equipes em ambientes dinâmicos. Compreendendo o potencial de cada indivíduo nessas áreas, os líderes podem adaptar sua abordagem, promovendo engajamento, colaboração e motivação.

Promover a confiança e a comunicação efetiva é fundamental para construir uma equipe colaborativa. O QU pode ser uma referência, compartilhando os resultados dos testes confidencialmente para que os membros da equipe entendam como podem apoiar uns aos outros. Isso cria um ambiente de confiança e respeito mútuo, estimulando a colaboração e sinergia.

Por fim, um ambiente de trabalho positivo e inclusivo é essencial para o desenvolvimento de equipes colaborativas. Valorizar a diversidade de perspectivas e promover a inclusão contribui para que todos se sintam valorizados e encorajados a contribuir plenamente.

Em resumo, o QU pode ser aplicado na liderança e no desenvolvimento de equipes coesas e colaborativas. Ao medir e aprimorar a visão 360, resiliência, adaptabilidade, sincronicidade e controle emocional, os líderes impulsionam o crescimento individual e coletivo, promovendo equipes mais eficientes e preparadas para enfrentar desafios.

Estratégias para desenvolver habilidades interpessoais e promover a sinergia da equipe

Para desenvolver habilidades interpessoais e promover a sinergia da equipe, é essencial adotar estratégias eficazes. Uma abordagem promissora nesse sentido é a aplicação do Quociente de Inteligência Universal Sincrônico (QU). O QU, baseado nos princípios de visão 360, resiliência, adaptabilidade, sincronicidade e controle emocional, oferece uma ferramenta valiosa para avaliar e desenvolver as habilidades individuais dos membros da equipe.

Uma estratégia inicial é utilizar testes QU antes e depois de cada desafio, a fim de avaliar o nível atual das habilidades mencionadas. Essa análise proporciona insights valiosos para identificar áreas de melhoria em cada indivíduo, tanto em termos de habilidades interpessoais como em aspectos emocionais e adaptativos.

Com base nos resultados dos testes QU, os líderes podem fornecer orientação e treinamento direcionados, visando ao crescimento individual dos membros da equipe. Isso não apenas fortalece as habilidades interpessoais de cada indivíduo, mas também contribui para a formação de uma equipe coesa e colaborativa.

Além disso, ao compartilhar os resultados dos testes QU de forma confidencial entre os membros da equipe, é possível criar um ambiente de confiança e respeito mútuo. Compreender as áreas em que cada membro pode se apoiar mutuamente permite a construção de relações interpessoais sólidas, estimulando a colaboração e a sinergia.

É importante destacar que as estratégias para desenvolver habilidades interpessoais e promover a sinergia da equipe devem ser complementadas por um ambiente de trabalho positivo e inclusivo. Valorizar a diversidade de perspectivas, promover a comunicação aberta e incentivar a participação de todos contribui para o desenvolvimento de uma equipe coesa e altamente colaborativa.

Em suma, a aplicação do QU oferece uma estratégia efetiva para desenvolver habilidades interpessoais e promover a sinergia da equipe. Ao medir e aprimorar os potenciais de visão 360, resiliência, adaptabilidade, sincronicidade e controle emocional, as equipes podem alcançar um nível mais elevado de colaboração, eficiência e sucesso no enfrentamento de desafios.

Neste capítulo, exploramos o tema do desenvolvimento de equipes sincronizadas e destacamos a importância da liderança e motivação baseadas no QU (Quociente de Inteligência Universal Sincrônico). Vimos como construir equipes coesas e colaborativas, além de estratégias para desenvolver habilidades interpessoais e promover a sinergia da equipe.

A liderança baseada no QU oferece uma abordagem holística e eficaz para liderar equipes. Ao compreender os potenciais individuais e coletivos por meio do QU, os líderes podem tomar decisões mais informadas e estratégicas, alocar tarefas de maneira eficiente e criar um ambiente de trabalho motivador e inspirador.

Construir equipes coesas e colaborativas é essencial para alcançar o sucesso organizacional. Utilizando o QU como guia, é possível reunir pessoas com habilidades complementares, permitindo uma combinação ideal de talentos e competências. Além disso, promover a sinergia da equipe através do QU ajuda a estabelecer uma cultura de colaboração, comunicação eficaz e confiança mútua.

No desenvolvimento das habilidades interpessoais, o QU desempenha um papel fundamental ao identificar as áreas em que os membros da equipe podem aprimorar suas competências de comunicação, resolução de conflitos e trabalho em equipe. O QU fornece uma base sólida para o treinamento e o desenvolvimento contínuo, garantindo que os membros da equipe estejam preparados para lidar com os desafios e interações complexas do ambiente de trabalho.

A sinergia da equipe, impulsionada pelo QU, permite que os membros trabalhem de forma harmoniosa, compartilhem conhecimento e experiências, e colaborem para alcançar metas comuns. Isso resulta em uma maior eficiência, criatividade e produtividade, além de uma atmosfera positiva e motivadora dentro da equipe.

Em suma, o desenvolvimento de equipes sincronizadas baseadas no QU é essencial para maximizar o potencial coletivo e alcançar resultados excepcionais. Ao adotar uma abordagem centrada no QU, líderes podem liderar com mais eficácia, equipes podem se tornar mais coesas e colaborativas, e habilidades interpessoais podem ser aprimoradas para promover a sinergia da equipe. O próximo capítulo explorará a utilização da tecnologia e ferramentas para maximizar a eficiência no ambiente de trabalho.

Capítulo 6: Tecnologia e Ferramentas para Maximizar a Eficiência

Explorando ferramentas digitais na gestão de projetos

No capítulo anterior, discutimos o Quociente de Inteligência Universal Sincrônico (QU) e sua aplicação no desenvolvimento de equipes sincronizadas. Agora, adentraremos no mundo da tecnologia e das ferramentas digitais, explorando como elas podem maximizar a eficiência no ambiente de trabalho. Neste contexto, utilizaremos o QU como uma abordagem para selecionar e aproveitar as tecnologias de maneira adequada, levando em consideração os potenciais de visão 360, resiliência, adaptabilidade, sincronicidade e controle emocional.

As ferramentas digitais desempenham um papel fundamental na gestão de projetos, permitindo uma maior eficiência, colaboração e controle sobre as atividades e recursos envolvidos. Essas ferramentas oferecem uma ampla gama de funcionalidades que auxiliam desde o planejamento até a execução e monitoramento dos projetos.

Uma das principais vantagens das ferramentas digitais na gestão de projetos é a centralização das informações. Por meio de plataformas específicas, é possível armazenar e compartilhar documentos, cronogramas, listas de tarefas, recursos e outros dados relevantes de forma organizada. Isso permite que a equipe tenha acesso instantâneo às informações atualizadas, evitando a dispersão de documentos em diferentes locais e facilitando a colaboração.

Além disso, as ferramentas digitais oferecem recursos avançados para o planejamento e acompanhamento dos projetos. Por exemplo, é possível criar cronogramas com datas de início e término, definir dependências entre tarefas, atribuir responsáveis e estabelecer marcos importantes. Essas funcionalidades permitem uma visão clara do progresso do projeto, identificação de gargalos e ações corretivas, garantindo que as atividades sejam executadas de forma ordenada e dentro do prazo.

Outra vantagem das ferramentas digitais na gestão de projetos é a capacidade de facilitar a comunicação e o trabalho colaborativo. Muitas plataformas oferecem recursos de chat, comentários e notificações, permitindo que a equipe se comunique de maneira rápida e eficiente. Isso facilita a troca de informações, a tomada de decisões em grupo e o alinhamento de objetivos e estratégias.

Além disso, algumas ferramentas digitais possuem funcionalidades específicas para o gerenciamento de recursos, como alocação de pessoal, controle de orçamento e monitoramento do progresso de cada membro da equipe. Isso ajuda a otimizar a utilização dos recursos disponíveis, identificar possíveis sobrecargas e garantir um uso eficiente dos recursos financeiros.

Para maximizar a eficiência na aplicação dessas ferramentas digitais, é importante considerar o impacto emocional que elas podem ter sobre os membros da equipe. Utilizando o QU, podemos realizar testes antes e depois de cada desafio, avaliando os potenciais de visão 360, resiliência, adaptabilidade, sincronicidade e controle emocional. Essa abordagem nos permite identificar lacunas nas ferramentas que possam causar desgastes emocionais quando utilizadas inadequadamente.

Com base nos resultados desses testes, podemos identificar áreas que precisam ser fortalecidas e tomar medidas proativas para melhorar o desempenho da equipe. Isso inclui ajustar a forma de utilização das ferramentas, evitar o excesso de atividades e promover treinamentos e capacitações que abordem não apenas as habilidades técnicas, mas também as competências socioemocionais necessárias.

É importante ressaltar que o acompanhamento contínuo é fundamental nesse processo. A gestão de projetos e o uso das ferramentas digitais devem ser constantemente monitorados, levando em consideração o impacto emocional e buscando o equilíbrio necessário. Promover uma cultura de feedback aberto e incentivar a comunicação entre os membros da equipe são aspectos-chave para garantir a eficiência na aplicação do QU nesse contexto.

Ao adotar essa abordagem abrangente, visando não apenas a eficiência técnica, mas também o bem-estar emocional dos colaboradores, as organizações podem maximizar o potencial das ferramentas digitais na gestão de projetos. A integração do QU proporciona uma avaliação mais completa e direcionada, permitindo o desenvolvimento dos potenciais individuais e coletivos, e contribuindo para um ambiente de trabalho saudável, colaborativo e eficiente.

Existem diversas ferramentas digitais disponíveis no mercado que podem ser utilizadas na gestão de projetos. Algumas das mais populares e amplamente utilizadas incluem:

1. Trello: Uma plataforma de gestão de projetos baseada em quadros, que permite a criação de listas de tarefas, atribuição de responsáveis, definição de prazos e acompanhamento do progresso.
2. Asana: Uma ferramenta de gestão de projetos que oferece recursos de acompanhamento de tarefas, comunicação em equipe, compartilhamento de documentos e integração com outras ferramentas.
3. Jira: Uma solução completa de gestão de projetos e desenvolvimento ágil, amplamente utilizada em equipes de desenvolvimento de software. Possui recursos avançados para o planejamento, acompanhamento e colaboração em projetos.
4. Microsoft Project: Uma ferramenta mais robusta para gestão de projetos, que permite a criação de cronogramas, atribuição de recursos, monitoramento

de custos e geração de relatórios detalhados.
5. Basecamp: Uma plataforma de gestão de projetos que combina recursos de comunicação, compartilhamento de arquivos e tarefas em um único lugar. É conhecida por sua interface intuitiva e facilidade de uso.
6. Monday.com: Uma ferramenta de gestão de projetos e colaboração que oferece recursos personalizáveis para acompanhamento de tarefas, automação de processos e integração com outras ferramentas.

É importante ressaltar que a escolha da ferramenta digital depende das necessidades específicas de cada projeto e equipe. Cada uma dessas ferramentas possui características e funcionalidades distintas, e é recomendado fazer uma avaliação cuidadosa para identificar qual se adequa melhor às demandas do projeto.

Integrar o QU nesse processo de gestão de projetos e utilização de ferramentas digitais proporciona uma abordagem mais abrangente, considerando tanto os aspectos técnicos quanto os emocionais. Ao avaliar os potenciais de visão 360, resiliência, adaptabilidade, sincronicidade e controle emocional da equipe antes e depois de cada desafio, é possível identificar lacunas e tomar medidas para melhorar o desempenho, promovendo um ambiente de trabalho mais eficiente e saudável.

Utilizando o QU na seleção e utilização de tecnologias adequadas

No atual cenário empresarial, a seleção e utilização adequada de tecnologias desempenham um papel fundamental na eficiência e no sucesso das organizações. Nesse contexto, a aplicação do QU (Quociente de Inteligência Universal Sincrônico) pode proporcionar uma abordagem humanizada e direcionada, levando em consideração os potenciais de visão 360, resiliência, adaptabilidade, sincronicidade e controle emocional de cada indivíduo e equipe.

Ao utilizar o QU na seleção de tecnologias, é possível considerar não apenas os aspectos técnicos, mas também a compatibilidade com as competências e características emocionais dos colaboradores. Afinal, as tecnologias devem ser aliadas que potencializam as habilidades e ajudam a mitigar os desafios enfrentados pelas equipes.

Avaliar o QU dos indivíduos e equipes antes da implementação de uma nova tecnologia permite identificar áreas que podem ser fortalecidas ou desenvolvidas. Dessa forma, é possível selecionar as ferramentas que melhor se alinham às necessidades, considerando não apenas os recursos disponíveis, mas também a capacidade de adaptação e a sincronicidade da equipe em relação às mudanças propostas.

Além disso, ao utilizar o QU na utilização das tecnologias, é possível promover um ambiente de trabalho saudável e produtivo. O monitoramento contínuo dos potenciais de controle emocional e resiliência pode ajudar a identificar possíveis desgastes causados pela utilização inadequada das tecnologias, como excesso de atividades ou sobrecarga emocional. Com base nessas avaliações, é possível ajustar os processos, fornecer treinamentos adequados e implementar medidas que visem equilibrar a relação entre os colaboradores e as ferramentas digitais.

Ao adotar essa abordagem, as organizações demonstram um compromisso com a humanização do ambiente de trabalho e o bem-estar dos colaboradores. Isso não apenas maximiza a eficiência na utilização das tecnologias, mas também contribui para o desenvolvimento das competências socioemocionais e a criação de equipes mais resilientes, adaptáveis e colaborativas.

É importante ressaltar que a seleção e utilização adequada de tecnologias não se limita apenas às ferramentas digitais específicas, mas também engloba aspectos como a cultura organizacional, o suporte oferecido aos colaboradores e a capacidade de adaptação às mudanças tecnológicas. Integrar o QU nesse processo é uma forma de humanizar a relação entre os colaboradores e a tecnologia, promovendo um ambiente de trabalho mais eficiente, equilibrado e centrado nas pessoas.

Ao aplicar o QU na seleção e utilização de tecnologias adequadas, as organizações podem colher os benefícios tanto em termos de desempenho como de bem-estar emocional. A tecnologia passa a ser uma aliada estratégica, potencializando os talentos individuais e o trabalho em equipe, e contribuindo para o alcance dos objetivos organizacionais de forma mais eficiente e humanizada.

Automação e otimização de processos com base no QU

A automação e otimização de processos são elementos-chave para melhorar a eficiência operacional e o desempenho das organizações. Ao integrar o QU (Quociente de Inteligência Universal Sincrônico) nesse contexto, é possível impulsionar ainda mais os resultados, levando em consideração os potenciais de visão 360, resiliência, adaptabilidade, sincronicidade e controle emocional.

A aplicação do QU na automação e otimização de processos visa não apenas a eficiência operacional, mas também a qualidade de vida dos colaboradores. Ao analisar o QU da equipe antes de implementar a automação, é possível identificar áreas que precisam de aprimoramento e determinar como as tarefas podem ser otimizadas de forma a minimizar o desgaste emocional e maximizar a produtividade.

Uma abordagem centrada no QU leva em consideração não apenas os aspectos técnicos e a racionalização dos processos, mas também o impacto nas habilidades socioemocionais dos colaboradores. É importante garantir que a automação não substitua habilidades humanas valiosas, mas sim as complemente e libere os colaboradores para atividades mais estratégicas e criativas.

Além disso, a automação baseada no QU pode ajudar a identificar oportunidades de melhoria e inovação. Ao realizar testes antes e depois da automação, é possível avaliar o impacto nos potenciais de visão 360, adaptabilidade e sincronicidade da equipe. Isso permite ajustar os processos automatizados de acordo com as necessidades identificadas, promovendo uma melhor integração entre as tecnologias e as habilidades humanas.

A otimização de processos com base no QU também contribui para a melhoria contínua e a adaptação às mudanças. Ao monitorar o controle emocional e a resiliência da equipe durante as fases de automação e otimização, é possível identificar possíveis desafios e garantir que as mudanças sejam implementadas de maneira suave e eficaz. Isso envolve fornecer treinamentos adequados, oferecer suporte emocional e estimular a colaboração para superar possíveis resistências.

A automação e otimização de processos com base no QU não se limitam apenas à substituição de tarefas manuais, mas também à integração de tecnologias avançadas, como inteligência artificial e aprendizado de máquina. Essas tecnologias podem ser aplicadas em análises de dados, previsões, tomada de decisões e outras atividades complexas, permitindo que os colaboradores se concentrem em tarefas de maior valor agregado.

Ao adotar uma abordagem baseada no QU para automação e otimização de processos, as organizações promovem a sinergia entre as habilidades humanas e as tecnologias, maximizando a eficiência operacional e o bem-estar dos colaboradores. A integração do QU nesse contexto permite uma avaliação holística dos impactos emocionais e comportamentais da automação, garantindo que as mudanças sejam implementadas de forma sustentável e orientada para o sucesso a longo prazo.

Em resumo, ao utilizar o QU na automação e otimização de processos, as organizações podem alcançar benefícios significativos, como aumento da eficiência, melhoria da qualidade de vida dos colaboradores e estímulo à inovação. Essa abordagem alinhada às competências socioemocionais promove uma cultura organizacional mais adaptável, resiliente e humanizada, preparando a equipe para enfrentar os desafios do mundo empresarial em constante transformação.

Neste capítulo, exploramos o poder da tecnologia e das ferramentas digitais para maximizar a eficiência no ambiente de trabalho. Destacamos a importância da utilização adequada dessas ferramentas na gestão de projetos, ressaltando como elas podem centralizar informações, facilitar a comunicação, o planejamento e o acompanhamento, além de fornecer recursos avançados de análise e geração de relatórios.

Além disso, discutimos a relevância do uso do QU (Quociente de Inteligência Universal Sincrônico) na seleção e utilização das tecnologias. Ao considerar os potenciais de visão 360, resiliência, adaptabilidade, sincronicidade e controle emocional, é possível escolher as ferramentas mais adequadas às necessidades da equipe, promovendo uma melhor integração entre as habilidades humanas e as tecnologias disponíveis.

Também abordamos a automação e otimização de processos com base no QU, enfatizando a importância de não apenas buscar a eficiência operacional, mas também considerar o impacto emocional e comportamental da automação. Ao aplicar o QU nesse contexto, podemos identificar áreas que precisam ser aprimoradas, garantir uma transição suave e eficaz e promover uma cultura organizacional adaptável e resiliente.

No próximo capítulo, continuaremos nossa jornada explorando estudos de caso de projetos sincronizados. Analisaremos casos reais de projetos bem-sucedidos, nos quais as práticas do QU foram aplicadas, e examinaremos os resultados alcançados. Com base nessas experiências, compartilharemos lições aprendidas e insights valiosos para a implementação do QU em outros projetos, permitindo que os leitores colham os benefícios dessa abordagem em suas próprias organizações.

Essa próxima etapa proporcionará uma visão prática de como o QU pode ser aplicado em diferentes contextos, oferecendo inspiração e orientação para o sucesso na implementação dessa abordagem nas equipes e projetos. Estaremos prontos para descobrir as histórias de projetos reais, seus desafios superados, resultados impressionantes e os valiosos aprendizados que podem ser aplicados no cotidiano empresarial. Continuemos nossa jornada rumo ao sucesso sincronizado dos projetos, aproveitando as valiosas informações que os estudos de caso nos proporcionarão.

Capítulo 7: Estudos de Caso: Exemplos de Projetos Sincronizados

Análise de casos reais de projetos bem-sucedidos

Neste capítulo, analisaremos uma série de exemplos históricos que ilustram a aplicação bem-sucedida do QU (Quociente de Inteligência Universal Sincrônico) em projetos desafiadores. Ao investigar as trajetórias de grandes personagens da história, é possível constatar que, mesmo antes da formalização do conceito do QU, eles intuitivamente buscaram equilibrar habilidades essenciais, como visão 360, resiliência, adaptabilidade, sincronicidade e controle emocional.

Um fator comum entre esses indivíduos extraordinários é que todos enfrentaram desafios gigantescos ao longo de suas jornadas. No entanto, o que os destacou e os levou ao sucesso incomparável foi sua capacidade de realizar uma análise profunda de si mesmos, identificando e aprimorando seu próprio QU. Eles entenderam que a mera posse de um alto QI não garante o sucesso, mas sim a aplicação equilibrada de suas habilidades cognitivas e emocionais.

Um exemplo notável é Albert Einstein, inicialmente um simples funcionário de patentes. Ao enfrentar desafios intelectuais monumentais, ele não apenas confiou em seu QI excepcional, mas também buscou desenvolver sua visão 360, resiliência, adaptabilidade, sincronicidade e controle emocional. Essa autorreflexão e autodesenvolvimento permitiram que Einstein se tornasse o renomado cientista cujas descobertas revolucionaram nossa compreensão do universo.

Outro exemplo inspirador é Nelson Mandela, que enfrentou desafios imensos em sua luta contra o apartheid na África do Sul. Sua capacidade de equilibrar as habilidades do QU foi fundamental para sua liderança, pois ele aplicou sua visão 360 para buscar a reconciliação nacional, demonstrou resiliência incansável mesmo durante anos de prisão, adaptou-se às circunstâncias em constante mudança, sincronizou-se com os ideais de justiça e controlou suas emoções em momentos de tensão, levando-o a se tornar um ícone mundial da liberdade e igualdade.

Leonardo da Vinci, Mahatma Gandhi e tantos outros exemplos históricos também seguiram esse padrão. Suas vidas e realizações são testemunhos eloquentes de como a análise sincera de suas próprias deficiências e a busca por autodesenvolvimento foram cruciais para alcançar sucesso extraordinário.

Esses exemplos ilustram claramente que a teoria do QU não apenas reflete o óbvio, mas é fundamentada em inúmeras histórias reais de indivíduos notáveis. Ao examinar esses casos, podemos extrair lições valiosas e insights para a implementação do QU em outros projetos, orientando-nos em direção a uma maior eficiência e sincronicidade.

Práticas do QU aplicadas e seus resultados

Nesta seção, exploraremos as práticas do QU e os resultados obtidos ao aplicá-las em projetos desafiadores. Para ilustrar essa abordagem, vamos analisar a trajetória de dois indivíduos notáveis: Albert Einstein e William Sidis, ambos reconhecidos por seu alto QI, mas com resultados significativamente diferentes.

Albert Einstein, além de possuir um QI extraordinário, compreendeu a importância de equilibrar sua visão 360, resiliência, adaptabilidade, sincronicidade e controle emocional. Ele não se limitou apenas ao desenvolvimento de seu conhecimento científico, mas também se dedicou ao aprimoramento de suas habilidades interpessoais e ao trabalho em equipe. Essa abordagem holística permitiu que Einstein aplicasse suas ideias de forma eficaz, superasse desafios complexos e alcançasse resultados notáveis, revolucionando a física moderna.

Por outro lado, William Sidis, embora também possuísse um QI elevado, enfrentou dificuldades ao aplicar seu conhecimento de maneira prática. Apesar de sua capacidade intelectual impressionante, Sidis teve dificuldades em lidar com as demandas do mundo real, em adaptar-se às complexidades sociais e em traduzir seu conhecimento em realizações concretas. Isso demonstra a importância de equilibrar as habilidades do QU, em vez de se basear apenas no QI, para alcançar resultados consistentes e significativos.

A comparação entre Einstein e Sidis destaca a importância de desenvolver e aplicar as práticas do QU em projetos complexos. Aqueles que buscam aprimorar sua visão 360, resiliência, adaptabilidade, sincronicidade e controle emocional têm maior probabilidade de enfrentar desafios com êxito, superar obstáculos e alcançar resultados notáveis.

Ao incorporar as práticas do QU em nossos projetos, fortalecemos nossa capacidade de análise, planejamento e execução. O equilíbrio entre as diferentes dimensões do QU nos capacita a enfrentar as complexidades do mundo contemporâneo de forma mais eficiente e eficaz.

Aqui estão alguns autores que estudam o equilíbrio dos potenciais e podem fornecer evidências científicas para embasar sua teoria:

1. Daniel Goleman: Autor de livros como "Inteligência Emocional" e "Foco", Goleman explora a importância do controle emocional e da inteligência emocional para o sucesso pessoal e profissional. Suas pesquisas e estudos fornecem evidências científicas sobre os benefícios de desenvolver habilidades emocionais para o equilíbrio e desempenho.
2. Carol Dweck: Conhecida por seu trabalho sobre "mentalidade de crescimento" (growth mindset), Dweck explora a importância de adotar uma perspectiva de aprendizado e desenvolvimento contínuos. Suas pesquisas demonstram que uma mentalidade de crescimento está associada a maior resiliência, adaptação e sucesso em diversas áreas da vida.
3. Martin Seligman: Um dos fundadores da psicologia positiva, Seligman estuda os fatores que contribuem para o bem-estar e a felicidade. Seu trabalho destaca a importância de habilidades como gratidão, otimismo e resiliência para

promover um equilíbrio saudável e alcançar resultados positivos.
4. Angela Duckworth: Autora do livro "Grit: O Poder da Paixão e da Perseverança", Duckworth explora o conceito de "grit" como um fator chave para o sucesso. Ela argumenta que a combinação de paixão e perseverança é essencial para superar desafios e alcançar metas significativas.
5. Mihaly Csikszentmihalyi: Autor de "Flow: A Psicologia do Fluxo", Csikszentmihalyi investiga a experiência de fluxo, um estado mental de total imersão e envolvimento em uma atividade. Seus estudos mostram que o equilíbrio entre habilidades e desafios é fundamental para alcançar esse estado de fluxo, que está associado ao desempenho de alto nível e ao bem-estar.

Esses são apenas alguns exemplos de autores renomados que estudam o equilíbrio dos potenciais. Suas pesquisas e descobertas podem fornecer evidências científicas adicionais para fundamentar sua teoria e fortalecer seu argumento no capítulo. Lembre-se de citar adequadamente as fontes e referências ao utilizar o trabalho desses autores.

Com base nas pesquisas de renomados autores que estudam o equilíbrio dos potenciais, é possível constatar que existe um crescente interesse e reconhecimento sobre a importância das práticas do QU (Quociente de Inteligência Universal Sincrônico). Esses estudos fornecem evidências científicas sólidas que respaldam a teoria de equilibrar habilidades como visão 360, resiliência, adaptabilidade, sincronicidade e controle emocional para obter resultados excepcionais.

Autores como Daniel Goleman, Carol Dweck, Martin Seligman, Angela Duckworth e Mihaly Csikszentmihalyi têm contribuído significativamente para a compreensão do papel fundamental dessas habilidades no sucesso pessoal e profissional. Suas pesquisas demonstram que o desenvolvimento de inteligência emocional, mentalidade de crescimento, gratidão, otimismo, resiliência, paixão, perseverança e o estado de fluxo estão intrinsecamente ligados ao equilíbrio dos potenciais e à obtenção de resultados excepcionais.

Ao incorporar as práticas do QU em nossos projetos, estamos seguindo o caminho trilhado por esses autores renomados e reconhecendo a importância de equilibrar habilidades cognitivas e emocionais. Essa abordagem holística nos capacita a enfrentar desafios com maior eficiência, superar obstáculos e alcançar resultados notáveis.

Portanto, ao considerarmos as práticas do QU e os resultados obtidos por esses autores, podemos fortalecer nossa compreensão sobre a aplicação dessas habilidades em projetos desafiadores. Suas descobertas e lições aprendidas fornecem uma base sólida e cientificamente embasada para implementar o QU em nossos próprios empreendimentos, aumentando nossa eficiência e sincronicidade. Estamos, assim, alinhados com a tendência e o consenso crescente de que o equilíbrio dos potenciais é uma abordagem eficaz e fundamentada para alcançar sucesso em diversos domínios da vida.

Lições aprendidas e insights para implementação do QU em outros projetos

Após explorarmos as práticas do QU e seus resultados, é importante refletir sobre as lições aprendidas e insights que podemos extrair desse estudo. Ao analisar as trajetórias de Albert Einstein, William Sidis e os estudos de renomados autores sobre o equilíbrio dos potenciais, podemos identificar alguns aspectos-chave para a implementação bem-sucedida do QU em outros projetos.

1. Equilíbrio entre habilidades cognitivas e emocionais: Um dos principais aprendizados é a importância de equilibrar habilidades cognitivas, como visão 360, resiliência e adaptabilidade, com habilidades emocionais, como controle emocional e sincronicidade. O QU não se limita apenas à inteligência intelectual, mas engloba um conjunto mais amplo de competências que permitem enfrentar desafios de forma abrangente e eficaz.
2. Desenvolvimento pessoal contínuo: Tanto Einstein quanto os autores mencionados enfatizam a importância do desenvolvimento pessoal contínuo. Isso inclui aprimorar habilidades interpessoais, como trabalho em equipe e inteligência emocional, além de adotar

uma mentalidade de crescimento que busca constantemente aprender e evoluir. A implementação do QU requer um compromisso com o aprimoramento constante e a busca por novos conhecimentos e habilidades.
3. Adaptação às complexidades do mundo real: A trajetória de William Sidis nos lembra da importância de adaptar-se às complexidades do mundo real. Enquanto o conhecimento teórico é fundamental, é igualmente crucial traduzir esse conhecimento em ações práticas e lidar com os desafios e demandas reais. A implementação do QU envolve uma abordagem prática que busca resultados concretos e tangíveis.
4. Aproveitar a pesquisa científica existente: Os estudos e descobertas de autores renomados, como Daniel Goleman, Carol Dweck, Martin Seligman, Angela Duckworth e Mihaly Csikszentmihalyi, oferecem uma base científica sólida para embasar a implementação do QU. Ao aproveitar as evidências científicas disponíveis, podemos fundamentar nossas práticas e estratégias em resultados comprovados, aumentando as chances de sucesso.

Ao considerar essas lições aprendidas e insights, podemos concluir que a implementação do QU em outros projetos requer uma abordagem holística, que vai além do QI e engloba habilidades cognitivas e emocionais. É um processo contínuo de desenvolvimento pessoal, adaptabilidade e aplicação prática, embasado em evidências científicas e pesquisas já existentes.

Ao finalizar este capítulo, devemos nos sentir motivados e encorajados a aplicar as práticas do QU em nossos próprios projetos. A busca pelo equilíbrio dos potenciais nos capacita a enfrentar desafios com maior eficiência, superar obstáculos e alcançar resultados notáveis. Ao seguir o exemplo de grandes mentes e estudiosos, podemos aumentar nossas chances de sucesso em diversos domínios da vida.

Capítulo 8: Ferramentas e Exercícios Práticos para Implementação do QU

Kit de ferramentas do QU na gestão de projetos

No site kazstudio.com.br e kaztv.com.br, foram desenvolvidas diversas ferramentas disponíveis para aplicar o QU na gestão de projetos. Uma delas é o Peak Power, uma ferramenta que apresenta desafios e utiliza um quiz chamado ArQUimedes. Esse quiz avalia e pontua o equilíbrio das potencialidades do QU, como visão 360, resiliência, adaptabilidade, sincronicidade e controle emocional, relacionadas à solução do desafio em questão.

Ao medir esses potenciais por meio do ArQUimedes, o resultado aponta o Nível de QU para o desafio em questão. Caso haja desequilíbrio, o Peak Power fornece sugestões de melhorias e indica onde os potenciais precisam ser desenvolvidos para alcançar um QU mais próximo da conquista da solução do desafio proposto. Essa prática do Peak Power pode ser facilmente adaptada para qualquer projeto, auxiliando os gestores a avaliar e aprimorar o equilíbrio das potencialidades do QU em suas equipes e iniciativas.

Além do Peak Power, o site também oferece outras ferramentas, como mentorias e o Personal Consult, que proporcionam suporte personalizado para o desenvolvimento do QU na gestão de projetos. Essas ferramentas adicionais fornecem orientação e direcionamento individualizado, permitindo que os gestores aprofundem sua compreensão das práticas do QU e apliquem-nas de maneira eficaz em seus projetos.

Ao utilizar o kit de ferramentas disponibilizado no site, os gestores terão acesso a recursos valiosos que os ajudarão a implementar o QU em sua abordagem de gestão de projetos. Essas ferramentas proporcionam uma estrutura sólida para avaliar, desenvolver e equilibrar as potencialidades do QU em equipes e projetos, contribuindo para o alcance de resultados excepcionais.

Exercícios práticos para desenvolver habilidades do QU

Junto com minha equipe altamente qualificada, desenvolvo uma série de exercícios e práticas para aprimorar as habilidades do QU, abrangendo áreas como visão 360, resiliência, adaptabilidade, sincronicidade e controle emocional. Essas atividades são oferecidas em workshops e outras modalidades de treinamento, proporcionando aos participantes uma experiência enriquecedora e transformadora.

No exercício de visão 360, os participantes são desafiados a ampliar sua perspectiva e capacidade analítica por meio de estudos de caso, debates, simulações e observação de situações complexas sob diferentes ângulos. Isso permite o desenvolvimento de uma visão mais abrangente e uma compreensão mais profunda dos desafios enfrentados.

O exercício de resiliência é projetado para fortalecer a capacidade emocional e mental dos participantes. Através da resolução de problemas desafiadores, enfrentamento de feedback construtivo e lidar com situações de estresse controlado, os participantes aprendem a lidar de forma mais eficaz com adversidades. Além disso, técnicas de relaxamento e meditação são incorporadas para promover o equilíbrio emocional e auxiliar na superação de desafios.

A adaptabilidade é trabalhada por meio de exercícios que desafiam os participantes a saírem de suas zonas de conforto e se adaptarem a diferentes cenários e mudanças inesperadas. Isso pode envolver a realização de tarefas incomuns, participação em projetos interdisciplinares ou até mesmo exercícios de improvisação para estimular a flexibilidade e a capacidade de adaptação rápida.

A sincronicidade é promovida por meio de atividades que incentivam a colaboração e a coordenação efetiva entre os membros de uma equipe. Projetos em grupo, prática de comunicação eficaz, desenvolvimento de habilidades de liderança compartilhada e dinâmicas de grupo são algumas das abordagens utilizadas para fortalecer a coesão e a sincronia entre os participantes.

O exercício de controle emocional concentra-se no gerenciamento das emoções e no desenvolvimento da inteligência emocional. Através da prática da autorregulação emocional, identificação e expressão saudável das emoções, escuta ativa e empática, além de participação em treinamentos específicos, os participantes aprendem a lidar de maneira construtiva com suas emoções e a cultivar relacionamentos saudáveis no ambiente profissional.

Esses exercícios e práticas proporcionam aos participantes uma oportunidade valiosa de desenvolver habilidades essenciais para o QU. Por meio do envolvimento ativo nessas atividades, eles adquirem uma base sólida para enfrentar os desafios presentes e futuros em seus projetos e carreiras.

É importante destacar que, em capítulos anteriores, discutimos a relevância das ferramentas digitais no contexto do QU. Ao abordar o equilíbrio entre a vida pessoal e profissional no trabalho remoto, é essencial considerar o papel que essas ferramentas desempenham no gerenciamento eficiente do tempo, na comunicação eficaz e na organização das atividades diárias.

Nossos exercícios práticos para desenvolver habilidades do QU são complementados por ferramentas digitais especialmente projetadas para auxiliar os participantes nesse processo. Essas ferramentas podem variar desde aplicativos de gerenciamento de tarefas e agendas até soluções de comunicação e colaboração online.

Compreendendo a importância do contexto atual de trabalho remoto, minha equipe se dedica a abordar um dos maiores desafios enfrentados pelos profissionais: equilibrar a vida pessoal e profissional nesse ambiente em constante mudança. Reconhecemos que as fronteiras entre trabalho e vida pessoal se tornaram cada vez mais tênues, e enfrentar essa realidade é essencial para o desenvolvimento das habilidades do QU.

É fundamental destacar que o equilíbrio entre a vida pessoal e profissional não apenas impacta o bem-estar dos indivíduos, mas também desempenha um papel crucial no processo criativo e proativo. Compreendemos que um ambiente equilibrado e saudável é propício para a geração de ideias inovadoras, para a tomada de decisões eficazes e para a busca de soluções criativas para os desafios enfrentados no trabalho.

Ao abordar o equilíbrio entre a vida pessoal e profissional, nosso programa de treinamento incorpora atividades que ajudam os participantes a navegarem por reuniões infindáveis, a lidarem com interrupções constantes e a superarem a sobrecarga de informações. Proporcionamos estratégias e práticas que auxiliam na gestão do tempo, na definição de limites saudáveis e na criação de uma rotina produtiva e gratificante.

Acreditamos que um indivíduo que consegue equilibrar sua vida pessoal e profissional é capaz de se sentir mais energizado, motivado e engajado em suas atividades. Essa energia e motivação impulsionam a criatividade, a inovação e a busca por soluções proativas, resultando em um desempenho mais eficaz e satisfatório no trabalho.

Além disso, enfatizamos a importância do autocuidado e do bem-estar emocional. Reconhecemos que, no contexto atual, é vital manter uma mente equilibrada e resiliente. Nossos exercícios incluem técnicas de relaxamento, práticas de mindfulness e métodos de autorregulação emocional. Acreditamos que fortalecer a inteligência emocional e cultivar uma mentalidade positiva são fundamentais para enfrentar os desafios do trabalho remoto e fomentar um ambiente propício à criatividade e à proatividade.

Nossa equipe altamente qualificada está comprometida em apoiar os profissionais nessa jornada desafiadora. Estamos prontos para oferecer orientações personalizadas, mentorias e recursos valiosos para auxiliar os participantes a desenvolverem habilidades de adaptação, resiliência e equilíbrio no contexto do trabalho remoto, permitindo que alcancem seu potencial máximo no ambiente de trabalho e estimulando o processo criativo e proativo.

Reconhecemos que equilibrar a vida pessoal e profissional é um desafio constante e em constante evolução. Por isso, continuamos aprimorando nossas práticas e mantendo-nos atualizados com as melhores abordagens para ajudar os profissionais a alcançarem um estado de equilíbrio saudável em suas vidas. Estamos comprometidos em capacitá-los a enfrentar os desafios presentes e futuros com confiança e resiliência, permitindo que alcancem seu potencial máximo no ambiente de trabalho remoto e estimulando seu processo criativo e proativo.

Nossa abordagem holística e abrangente é fundamentada na compreensão das necessidades e desafios reais enfrentados pelos profissionais hoje em dia. Estamos prontos para guiá-los nessa jornada, proporcionando-lhes as ferramentas, os recursos e o apoio necessários para desenvolverem suas habilidades do QU, alcançarem um equilíbrio saudável em suas vidas pessoais e profissionais e desencadearem seu potencial criativo e proativo para obterem sucesso em suas atividades profissionais.

Trabalhar em casa oferece muitas vantagens, como flexibilidade e conforto, mas também pode apresentar desafios, especialmente quando se trata da hiperatividade cerebral. No contexto da gestão de projetos, que frequentemente envolve o uso prolongado do computador, é comum que o cérebro fique acelerado devido às demandas cognitivas intensas e ao ambiente digital.

A hiperatividade cerebral ocorre quando o cérebro está constantemente em um estado de alta atividade, processando informações em ritmo acelerado e enfrentando uma sobrecarga de estímulos. Essa condição pode ser resultado de uma combinação de fatores, como a pressão para cumprir prazos, a multitarefa constante, a exposição prolongada a telas de computador e a dificuldade em desligar-se do trabalho.

Em termos científicos, quando o cérebro está acelerado por longos períodos, ocorre uma disrupção do equilíbrio neuroquímico e neurofisiológico. Isso pode levar a uma série de efeitos negativos, como diminuição da capacidade de concentração, dificuldade em tomar decisões, aumento da ansiedade, esgotamento mental, fadiga cognitiva e redução da qualidade do sono. Além disso, a hiperatividade cerebral crônica também pode contribuir para o surgimento de problemas de saúde a longo prazo, como distúrbios do sono, aumento do estresse e maior risco de esgotamento profissional.

Para ajudar os leitores a lidar com essa hiperatividade cerebral e seus efeitos negativos, o QU oferece uma técnica eficaz que ajuda a aliviar a sobrecarga mental e melhorar o foco e o desempenho durante o trabalho home office. Essa técnica simples envolve um exercício físico que estimula o cérebro e auxilia na dissipação da energia excessiva.

Ao praticar essa técnica regularmente, você estará promovendo uma pausa para o cérebro, permitindo que ele desacelere, reequilibre-se e restabeleça sua funcionalidade ótima. Além disso, a prática física durante o trabalho home office estimula a circulação sanguínea, aumenta o fluxo de oxigênio para o cérebro e promove a liberação de neurotransmissores relacionados ao bem-estar e à redução do estresse.

Ao incorporar essa técnica em sua rotina de trabalho home office, você estará proporcionando ao seu cérebro os momentos necessários de descanso ativo, contribuindo para sua saúde mental e melhorando sua capacidade de concentração, clareza mental e produtividade.

Experimente essa técnica durante seu trabalho home office e observe os resultados positivos em sua capacidade de lidar com a hiperatividade cerebral, bem como no bem-estar geral do seu cérebro e corpo. Com o QU, você tem em mãos não apenas conceitos e estratégias, mas também práticas tangíveis para aprimorar sua jornada na gestão de projetos.

A técnica consiste em um exercício físico simples que estimula o cérebro e ajuda a dissipar a energia excessiva. Siga os passos abaixo para praticar essa técnica e aproveitar os benefícios:

1. Encontre um espaço tranquilo em sua casa onde você possa se movimentar livremente. Pode ser uma sala vazia, um corredor espaçoso ou qualquer área com espaço suficiente para se movimentar confortavelmente.
2. Fique de pé e comece a balançar os braços ao seu lado. Sinta o movimento fluir pelos seus ombros, braços e mãos. Deixe a energia fluir livremente pelo seu corpo.
3. À medida que você balança os braços, comece a movimentar-se no espaço. Caminhe de um lado para o outro, mantendo um ritmo constante. Acompanhe o movimento dos braços com os passos que você dá.
4. Enquanto caminha, concentre-se na sensação do seu corpo se movendo. Esteja presente no momento, sinta seus músculos se alongando e relaxando.
5. Continue caminhando e balançando os braços por cerca de 5 a 10 minutos.

Permita que seu corpo se desligue das preocupações e pensamentos excessivos. Apenas concentre-se no movimento e na conexão mente-corpo.

Essa prática simples ajuda a canalizar a hiperatividade cerebral, promovendo a liberação de energia e proporcionando um maior equilíbrio mental. Ao incorporar essa técnica em sua rotina de trabalho home office, você poderá manter seu cérebro mais focado, reduzir o estresse e aumentar sua produtividade.

Lembre-se sempre de equilibrar sua atividade cerebral intensa com momentos de descanso e autocuidado. Cuidar do seu cérebro é fundamental para uma gestão de projetos eficiente e saudável.

Diretrizes para aplicação contínua do QU em projetos futuros

Após adquirir um sólido conjunto de habilidades do QU por meio de nosso programa de treinamento, é essencial que os profissionais possam aplicar continuamente esses conhecimentos e práticas em projetos futuros. Reconhecemos que a aprendizagem não se limita ao treinamento em si, mas se estende à sua implementação e incorporação no ambiente de trabalho.

Para auxiliar os participantes nesse processo, fornecemos diretrizes abrangentes para a aplicação contínua do QU em seus projetos futuros. Essas diretrizes são baseadas em pesquisas atualizadas, melhores práticas e experiência prática, e têm como objetivo oferecer um roteiro claro e acionável para a utilização eficaz das habilidades do QU.

Uma das diretrizes-chave é a integração das habilidades do QU desde as fases iniciais de planejamento e concepção de projetos. Incentivamos os profissionais a considerarem como podem aplicar o pensamento crítico, a resiliência, a adaptabilidade e outras competências do QU ao definir os objetivos do projeto, identificar os recursos necessários e antecipar os desafios potenciais. Ao fazer isso, eles podem estabelecer bases sólidas para o sucesso e mitigar obstáculos futuros.

Além disso, enfatizamos a importância de uma abordagem iterativa e flexível ao longo do ciclo de vida do projeto. Encorajamos os profissionais a avaliarem regularmente o progresso, a identificarem oportunidades de melhoria e a ajustarem suas estratégias com base nos aprendizados obtidos. Isso envolve estar aberto a feedback, cultivar uma mentalidade de aprendizado contínuo e estar disposto a adaptar-se às mudanças do ambiente.

Outra diretriz essencial é a promoção da colaboração e do trabalho em equipe. Reconhecemos que o sucesso dos projetos depende não apenas das habilidades individuais, mas também da capacidade de trabalhar em conjunto, aproveitando a diversidade de ideias, perspectivas e habilidades dos membros da equipe. Incentivamos a comunicação clara, a compartilhar conhecimentos, a promover a confiança e a colaboração efetiva, buscando alcançar os objetivos comuns de forma sinérgica.

A aplicação contínua do QU também envolve a avaliação e o monitoramento dos resultados. Incentivamos os profissionais a definirem indicadores-chave de desempenho, a coletarem dados relevantes e a analisarem os resultados alcançados. Isso permite identificar sucessos, áreas de melhoria e oportunidades de crescimento, contribuindo para uma melhoria contínua e uma aplicação mais eficaz das habilidades do QU em projetos futuros.

Por fim, destacamos a importância de cultivar uma cultura organizacional que valoriza e sustenta a aplicação contínua do QU. Isso requer o envolvimento de líderes e gestores, a promoção de um ambiente de trabalho que estimule a criatividade, o aprendizado e a colaboração, e a alocação de recursos adequados para aprimorar constantemente as habilidades do QU em toda a organização.

Ao seguir essas diretrizes, os profissionais estarão preparados para aplicar de forma contínua as habilidades do QU em seus projetos futuros, garantindo uma abordagem orientada para resultados, adaptável às mudanças do ambiente e propensa à inovação. Estamos comprometidos em fornecer suporte contínuo, recursos adicionais e orientação personalizada para garantir que os participantes possam aplicar com sucesso as habilidades do QU em suas atividades profissionais e alcançar resultados excepcionais em seus projetos.

Capítulo 9: Considerações Finais e Próximos Passos

Chegamos ao final desta jornada de exploração e aplicação do QU na gestão de projetos. Ao longo deste livro, mergulhamos nos fundamentos do QU, nas estratégias para otimizar o planejamento, na importância da comunicação sincronizada, no desenvolvimento de equipes coesas, no uso adequado da tecnologia e nas lições extraídas de estudos de caso de projetos bem-sucedidos. Agora, é hora de recapitular os principais conceitos e refletir sobre os próximos passos para continuar a jornada de aplicação do QU em seus projetos futuros.

O QU, ou Quociente de Inteligência Universal Sincrônico, demonstrou ser uma abordagem poderosa para a gestão de projetos. Combinando elementos como sincronicidade, eficiência, comunicação alinhada e desenvolvimento de equipes, o QU oferece um conjunto abrangente de ferramentas e práticas para impulsionar o sucesso dos projetos e alcançar resultados excepcionais.

Durante nossa exploração, destacamos a importância de definir objetivos claros e realistas, estruturar cronogramas de forma sincronizada, promover uma comunicação efetiva, cultivar equipes coesas e colaborativas e utilizar a tecnologia de forma estratégica. Cada um desses elementos desempenha um papel fundamental na busca pela excelência na gestão de projetos.

Como em qualquer jornada de aprendizado, a implementação contínua do QU requer dedicação e prática. Portanto, aqui estão algumas orientações para continuar sua jornada de aplicação do QU na gestão de projetos:

1. Internalize os princípios do QU: Certifique-se de ter uma compreensão sólida dos fundamentos do QU e sua aplicação em diferentes aspectos da gestão de projetos. Releia os capítulos relevantes, faça anotações e destaque os conceitos-chave que ressoam com você.
2. Adapte o QU ao seu contexto: Lembre-se de que o QU é uma abordagem flexível e adaptável. Aplique os conceitos e práticas do QU de acordo com as necessidades e particularidades dos seus projetos e da sua equipe. Faça ajustes e experimente diferentes abordagens para encontrar o equilíbrio ideal.

3. Busque feedback e compartilhe experiências: A troca de conhecimentos e experiências é uma maneira valiosa de aprimorar suas habilidades do QU. Busque feedback dos membros da equipe, colegas de trabalho e mentores. Compartilhe suas experiências com outras pessoas que também estejam interessadas em aplicar o QU na gestão de projetos. Isso ajudará a ampliar seu conhecimento e obter insights valiosos.
4. Mantenha-se atualizado: A gestão de projetos está em constante evolução, assim como o ambiente de trabalho. Mantenha-se atualizado sobre as tendências, as melhores práticas e as novas ferramentas que possam complementar e enriquecer sua aplicação do QU. Participe de eventos, leia artigos e explore recursos adicionais que possam contribuir para o seu desenvolvimento contínuo.
5. Busque suporte adicional: Lembre-se de que você não está sozinho nessa jornada. Procure por comunidades, fóruns ou grupos de interesse que possam fornecer suporte adicional e oportunidades de aprendizado. Considere também a possibilidade de

buscar orientação de um mentor ou coach especializado em gestão de projetos e no uso do QU.

Ao concluir este livro, gostaríamos de convidá-lo a continuar compartilhando suas experiências e aprendizados. A jornada de aplicação do QU na gestão de projetos é enriquecida pelo compartilhamento de ideias, desafios e conquistas. Portanto, esteja aberto a colaborar com outros profissionais e contribuir para a evolução contínua dessa abordagem.

Agradecemos por embarcar nesta jornada conosco e esperamos que o conhecimento adquirido ao longo deste livro tenha sido valioso e inspirador para suas práticas futuras na gestão de projetos. Que você continue aprimorando suas habilidades do QU, buscando a excelência e alcançando resultados extraordinários em seus projetos.

Apêndice: Recursos e Referências

Neste apêndice, você encontrará uma lista abrangente de recursos e ferramentas disponíveis para a prática da gestão de projetos com o QU. Esses recursos foram especialmente selecionados para apoiar o desenvolvimento e a aplicação dos princípios do QU em diferentes áreas. Explore-os e aproveite seu potencial para impulsionar o sucesso dos seus projetos.

Livros sobre QU:

1. "Princípios do QU: Os pilares fundamentais que sustentam a abordagem holística do projeto" - Este livro explora os princípios centrais do QU, fornecendo uma base sólida para compreender e aplicar essa abordagem inovadora na gestão de projetos.
2. "QU na Era Digital: Navegando com Inteligência na Transformação Digital" - Descubra como o QU pode ser utilizado para enfrentar os desafios e aproveitar as oportunidades da era digital, otimizando a eficiência e a sincronicidade nos projetos.

3. "QU na Educação: Desenvolvendo Potenciais para Transformar a Aprendizagem" - Este livro apresenta como o QU pode ser aplicado na área da educação, promovendo a sinergia entre professores e alunos e potencializando o aprendizado.
4. "QU na Criatividade: Desperte seu Potencial Criativo e Transforme o seu Mundo" - Explore o poder do QU no estímulo à criatividade e à inovação, desbloqueando seu potencial criativo e impulsionando o sucesso dos projetos.
5. "QU na Evolução Humana: Inovadora ferramenta que busca o equilíbrio emocional para a tomada de decisão" - Este livro aborda a aplicação do QU no desenvolvimento humano, destacando a importância do equilíbrio emocional para a tomada de decisões eficazes e o progresso pessoal e profissional.
6. "QU na Liderança: Navegando com Sucesso em um Mundo VUCA" - Descubra como o QU pode fortalecer suas habilidades de liderança, capacitando você a enfrentar os desafios de um mundo volátil, incerto, complexo e ambíguo.

Ferramentas e Recursos Online:

- Mentoria: Aproveite a orientação personalizada de mentores experientes que podem apoiar o desenvolvimento das suas habilidades do QU e ajudá-lo a aplicá-las em seus projetos.
- Personal Consult: Tenha acesso a consultorias individuais especializadas, nas quais você pode receber orientações personalizadas e estratégias adaptadas às suas necessidades específicas.
- Video Aulas: Explore uma variedade de videoaulas que abordam diferentes aspectos do QU na gestão de projetos. Aprenda conceitos fundamentais, técnicas e práticas avançadas, tudo no seu próprio ritmo.
- Palestras: Participe de palestras e eventos online conduzidos por especialistas renomados em QU. Aprofunde seu conhecimento, obtenha insights valiosos e inspire-se com histórias de sucesso.
- Workshop: Participe de workshops interativos que combinam teoria e prática do QU. Tenha a oportunidade de aprimorar suas habilidades, compartilhar

experiências com outros profissionais e colocar em prática o aprendizado.

Ferramentas QU:

- ArQUimedes: Uma fonte inesgotável de sabedoria é o próprio ser humano. Utilize o ArQUimedes para extrair conhecimento valioso e insights significativos dos membros da sua equipe.
- Método QU: Aplique o Método QU para otimizar a sincronicidade e a eficiência na gestão de projetos. Essa ferramenta abrangente oferece diretrizes práticas para aplicar os princípios do QU em suas atividades diárias.
- Emotion Master (EM): O EM é uma ferramenta poderosa que ajuda a desenvolver e equilibrar as habilidades emocionais, permitindo uma tomada de decisão mais consciente e efetiva.
- Adaptability Tuner (AT): O AT auxilia no desenvolvimento da adaptabilidade e resiliência, ajudando a lidar com mudanças e desafios de forma mais eficaz.
- Synchronicity Enhancer (SE): O SE ajuda a promover a sincronicidade e a

comunicação alinhada entre os membros da equipe, impulsionando a colaboração e o sucesso dos projetos.
- Resilience Booster (RB): O RB fortalece a resiliência individual e coletiva, permitindo que você e sua equipe enfrentem adversidades e superem obstáculos com determinação.
- Vision Builder (VB): O VB auxilia na definição de uma visão clara e inspiradora para o projeto, alinhando todos os envolvidos e direcionando seus esforços na mesma direção.
- Peak Power (PP): O PP é uma ferramenta para potencializar suas habilidades e desempenho máximo, permitindo que você alcance o melhor de si mesmo em seus projetos.

Esses recursos e ferramentas fornecem um conjunto abrangente de suporte para a prática da gestão de projetos com o QU. Explore-os de acordo com suas necessidades e objetivos, aproveitando todo o potencial dessa abordagem inovadora.

Biografia do Autor

Katia Doria da Fonseca Vasconcelos é uma influenciadora digital atualizada, com vasta experiência como pesquisadora e atuação na área de Recursos Humanos em grandes empresas. Ao longo de sua carreira, Katia se destacou por sua visão visionária e sua capacidade de inovar.

Como uma influenciadora digital, Katia aproveita os excelentes recursos da tecnologia para se manter à frente, fazendo novas descobertas e explorando novas possibilidades. Ela é uma das pioneiras no Brasil, sendo uma das primeiras a desenvolver sites em Java, abrindo caminho para a expansão da tecnologia no país. Além disso, foi uma das primeiras a ter uma TV online com recursos avançados, incluindo a técnica de streaming multi tela de videoconferência, antes mesmo do YouTube disponibilizar esse recurso. Sua habilidade em antecipar tendências e adotar tecnologias emergentes impulsionou sua carreira e estabeleceu sua reputação como uma profissional de destaque.

Ao longo de sua trajetória, Katia dedicou-se a pesquisas e atuação na área de Recursos Humanos em grandes empresas, aplicando suas habilidades visionárias para impulsionar o desenvolvimento humano e a evolução das organizações. Um dos projetos mais importantes de Katia foi a integração de dados em uma empresa quando o uso de computadores ainda era limitado a fins específicos. Sua abordagem inovadora e seu perfil visionário permitiram que ela superasse as limitações tecnológicas e impulsionasse a empresa para o futuro. Essa conquista marcou um ponto de virada em sua carreira e reforçou sua expertise em gerenciamento de projetos.Com sua abordagem multidisciplinar, Katia busca integrar conhecimentos da psicologia, da filosofia e da ciência para compreender a complexidade das emoções, dos pensamentos e dos comportamentos humanos. Seu trabalho envolve a investigação de como esses elementos se interconectam e influenciam a vida das pessoas e das organizações.

Como escritora e palestrante, Katia compartilha seu conhecimento e suas experiências, inspirando os leitores e ouvintes a refletirem sobre suas próprias jornadas emocionais e a buscarem o autodesenvolvimento. Seu objetivo é capacitar as pessoas a se conhecerem melhor, a lidarem de forma mais consciente com suas emoções e a encontrarem seu propósito de vida.

Com este livro, Katia Doria da Fonseca Vasconcelos compartilha sua sabedoria e insights sobre a jornada emocional humana, oferecendo uma visão ampliada e prática para que os leitores possam explorar seu potencial máximo e viver de forma mais autêntica e significativa. Sua abordagem baseada no Conceito QU (Quociente de Inteligência Universal Sincrônico) é uma ferramenta inovadora para o equilíbrio emocional e a tomada de decisão consciente.Katia acredita que cada indivíduo possui um poder transformador e que, ao explorar seu interior e desenvolver sua inteligência emocional, pode contribuir para a construção de uma sociedade mais consciente, equilibrada e realizada.

www.ingramcontent.com/pod-product-compliance
Lightning Source LLC
Chambersburg PA
CBHW071501220526
45472CB00003B/878